Ökumenische Gottesdienste
Anlässe, Modelle und Hinweise für die Praxis

Pastoralliturgische Reihe

in Verbindung mit der Zeitschrift „Gottesdienst"

ÖKUMENISCHE GOTTESDIENSTE

*Anlässe, Modelle und Hinweise
für die Praxis*

Herausgegeben vom
Deutschen Liturgischen Institut, Trier,
und vom Gottesdienst-Institut
der Evangelisch-Lutherischen Landeskirche
in Bayern, Nürnberg

Erarbeitet von
Eberhard Amon, Hanns Kerner,
Konrad Müller und Andreas Poschmann

FREIBURG · BASEL · WIEN

© Verlag Herder GmbH, Freiburg im Breisgau 2014
Alle Rechte vorbehalten
www.herder.de

Umschlaggestaltung: Verlag Herder GmbH, Freiburg im Breisgau
Satz: SatzWeise, Föhren
Herstellung: CPI books GmbH, Leck

Printed in Germany

ISBN 978-3-451-31224-3

Inhalt

Vorwort 7

Abkürzungen, Quellen 8

Einführung 11

Wort-Gottes-Feiern/Predigtgottesdienste 19
   Taufgedächtnis 19
   Segnungsgottesdienst 32
   Lesegottesdienst 39
   Dank- und Lobpreisgottesdienst 45
   Bußgottesdienst 52
   Katastrophengottesdienst 62
   Gedenkgottesdienste 67
      27. Januar 67
      Gedenktag der Reformation 72
      Totengedenken 81

Gebets- und Meditationsgottesdienste/Andachten 89
   Andachten in der Österlichen Bußzeit/Passionszeit 90
      Passionsandacht 90
      Kreuzweg 96
      Passionsandacht zum Kreuzweg 111
   Andacht zum Jahreswechsel 116
   Dankandacht 124
   Bittandacht 132
   Klageandacht 141
   Gebet für die Einheit der Kirche 148
   Friedensgebet 155

Tagzeitengottesdienste 161
   Morgenlob-Abendlob 161
   Gebet mit Gesängen aus Taizé 177

Quellenverzeichnis (Anregungstexte) 186

Vorwort

Gemeinsame Gottesdienste von evangelischen und katholischen Christen bei vielfältigen Gelegenheiten sind für zahlreiche Gemeinden zur Selbstverständlichkeit geworden. Die gewachsene gemeinsame Glaubensüberzeugung findet so im Gottesdienst als einem zentralen Bereich christlicher Lebensäußerungen ihren Ausdruck.

Bei der Zusammenschau der in den Gemeinden gefeierten gemeinsamen Gottesdienste eröffnet sich ein weites Feld. Anlässe und Feierformen sind zahlreicher, als gemeinhin angenommen wird. Durch eine einseitige Fixierung auf die nicht realisierte Abendmahlsgemeinschaft wird das gegenwärtig schon Mögliche oft nicht wahrgenommen und ausgeschöpft.

Im Rahmen der langjährigen Kooperation zwischen dem in Trier ansässigen Deutschen Liturgischen Institut der römisch-katholischen Kirche und dem Gottesdienst-Institut der Evangelisch-Lutherischen Kirche in Bayern mit Sitz in Nürnberg entstand der Plan, ein Buch herauszugeben, das die Vielfalt ökumenischen Feierns aufzeigt und exemplarische Modelle für die Praxis anbietet. Sehr schnell stellte sich heraus, dass eine Eingrenzung des Stoffes notwendig war. So beschränken wir uns im vorliegenden Buch auf Feiern für die ganze Gemeinde sowie auf die Bereiche der Wort-Gottes-Feiern bzw. Predigtgottesdienste, der Gebets- und Meditationsgottesdienste („Andachten") sowie der Tagzeitengottesdienste. Ausgeklammert wurden Kasualgottesdienste (Trauung) und Gottesdienste mit besonderen Gruppen (Kinder, Jugendliche, Kranke etc.). Auch der Bereich der „Ökumenischen Segensfeiern" fand keine Berücksichtigung, da wir bereits ein Buch mit diesem Titel vorgelegt haben.

Für die Ausarbeitung der Gottesdienstmodelle wurden die approbierten liturgischen Bücher der beteiligten Kirchen ebenso herangezogen wie Entwürfe und Vorlagen aus der Praxis und aus entsprechenden Veröffentlichungen. Vieles wurde neu erarbeitet.

Für die vorliegende zweite Auflage wurden die Angaben zu den Gesängen bearbeitet und an die 2013 erschienenen Ausgaben des Katholischen Gebet- und Gesangbuchs „Gotteslob" und des Liederbuches „Unterwegs" sowie des Liederbuches „Kommt, atmet auf" (2011) angepasst. Ein herzlicher Dank geht an die Mitarbeiterinnen und Mitarbeiter der beiden herausgebenden Institute für ihre intensive redaktionelle Mitarbeit.

Nürnberg/Trier im Juli 2014
Prälat Dr. Eberhard Amon
Dr. Andreas Poschmann
Deutsches Liturgisches Institut

Prof. Dr. Hanns Kerner
Pfr. Konrad Müller
Gottesdienst-Institut Nürnberg

Abkürzungen

A	Alle/Gemeinde
E	Einzelne/r
K	Kantor/Kantorin, Schola
L	Leiter/Leiterin, Liturg/Liturgin
S	Sprecher/Sprecherin, Lektor/Lektorin
EG	Evangelisches Gesangbuch 1993
EG.B	Evangelisches Gesangbuch. Ausgabe für die Evangelisch-Lutherischen Kirchen in Bayern und Thüringen
EÜ	Einheitsübersetzung der Heiligen Schrift
GL	Gotteslob. Katholisches Gebet- und Gesangbuch, Stuttgart 2013
GL 1975	Gotteslob. Katholisches Gebet- und Gesangsbuch, Stuttgart 1975/^{3}1996
KAA	Kommt, atmet auf – Liederheft für die Gemeinde, Nürnberg 2011
KG	Katholisches Gesangbuch (Schweiz) 1998
LB	Lutherbibel
RG	Evangelisch-reformiertes Gesangbuch (Schweiz) 1998
UW	Unterwegs. Lieder und Gebete, Trier 2013
GB	Evangelisches Gottesdienstbuch
MB	Messbuch 1975/^{2}1988

Quellen

Bei den vorliegenden liturgischen Texten wurde auf das Messbuch, Bd. II, auf die Agende für Evangelisch-Lutherische Gemeinden, Bd. III, und das Evangelische Gottesdienstbuch zurückgegriffen. Daneben fanden das „Evangelische Gesangbuch", Ausgabe Bayern und Thüringen, das „Gotteslob. Katholisches Gebet- und Gesangbuch", das „Gesangbuch der Evangelisch-reformierten Kirchen der Schweiz", das „Katholische Gesangbuch. Gesang- und Gebetbuch der deutschsprachigen Schweiz", das evangelische Liederheft „Kommt, atmet auf" und das katholische Liederheft „Unterwegs" Verwendung. Vieles wurde umgearbeitet, anderes völlig neu formuliert.

Die Ständige Kommission für die Herausgabe der gemeinsamen liturgischen Bücher im deutschen Sprachgebiet erteilte die Abdruckerlaubnis für die aus dem Messbuch entnommenen Texte.

Das Kirchenamt der Vereinigten Evangelisch-Lutherischen Kirche Deutschlands erteilte die Abdruckgenehmigung für die Texte aus dem Evangelischen Gottesdienstbuch.

Einführung

Gemeinsam gefeierte Gottesdienste können das ökumenische Miteinander entscheidend stärken und fördern. Dabei ist es empfehlenswert, sich auf das Gemeinsame zu konzentrieren. Solche Gemeinsamkeiten sind vor allem das Bekenntnis des christlichen Glaubens und die Taufe auf den Namen des dreieinigen Gottes, das gläubige Hören und Annehmen des Wortes Gottes, das Lob Gottes in Gesang und Gebet und das fürbittende Eintreten für alle Menschen. Deshalb werden gerade diese Aspekte in ökumenischen Gottesdiensten einen zentralen Platz einnehmen.

Da sich die Besonderheiten und Unterschiede der einzelnen christlichen Konfessionen gerade in ihren Gottesdiensten zeigen, können diese in ökumenischen Gottesdiensten durchaus besonders deutlich werden. Es ist allerdings darauf zu achten, dass Trennendes vermieden wird, um ein Mitfeiern aller zu erleichtern.

Ökumenische Gottesdienste und ihre Formen

Von ökumenischen Gottesdiensten spricht man dann, wenn zwei oder mehr christliche Konfessionen an der Feier beteiligt sind. Dabei beschränkt sich die vorliegende Zusammenstellung auf Gottesdienste, die gemeinsam von römisch-katholischen und evangelischen Christen gefeiert werden.

Sofern für solche Gottesdienste nicht ein öffentlicher Raum vorgesehen ist (z. B. eine Mehrzweckhalle, eine Messehalle, ein Ort im Freien), werden sie in der Regel in der Kirche einer der beteiligten Konfessionen stattfinden. Diese tritt dann als gastgebende Gemeinde auf. Es legt sich nahe, dass deren spezifische gottesdienstliche Rollen und Riten dann in der Regel besonderes Gewicht haben. So ist es beispielsweise sinnvoll, dass ein Vertreter bzw. eine Vertreterin der gastgebenden Gemeinde den Gottesdienst eröffnet und schließt. Grundsätzlich sind jedoch Fragen der liturgischen Rollenverteilung im Vergleich mit der Frage einer sachgemäßen Gottesdienstgestaltung nachrangig.

Ökumenische Gottesdienste beschränken sich naturgemäß auf solche gottesdienstliche Formen, die von den beteiligten Konfessionen ohne Bedenken mitgefeiert werden können, das sind also Wort-Gottes-Feiern bzw. Predigtgottesdienste, Gebets- und Meditationsgottesdienste („Andachten") und Tagzeitengottesdienste. Diesen drei Gottesdienstformen wird in der vorliegenden Handreichung jeweils ein spezifisches Verlaufsschema zugrunde gelegt.

Wort-Gottes-Feier/ Predigtgottesdienst	Gebets- und Meditationsgottesdienst/Andacht	Tagzeitengottesdienst
Eröffnung Gesang/Musik Gruß und Einführung (Schuldbekenntnis) Christusanrufung Gebet	**Sammeln** Gruß und Einführung Gesang Gebet oder Psalm	**Eröffnung** Eröffnungsruf (Einstimmung/Gebet) Musik/Gesang (Hymnus)
Verkündigung Lesung Antwortgesang (Lesung des Evangeliums) Auslegung (Lobpreis) Gesang (Zeichenhandlung Gesang) (Glaubensbekenntnis) (Gesang)	**Hören – Betrachten – Antworten** Lesung Auslegung Gesang **Senden – Segnen** Gebet Segen	**Psalmodie und Verkündigung** Psalm/Canticum (Psalmkollekte/Psalmoration) Lesung (Betrachtung/Meditation/Antwortelement) Gesang aus dem Evangelium **Gebet** Bitten/Fürbitten Vaterunser Schlussgebet
Abschluss Fürbitten Vaterunser Sendung (Entlassung) Segen (Entlassung) Gesang/Musik		**Abschluss** Segen/Sendung Gesang

Wort-Gottes-Feiern/Predigtgottesdienste
Die Begriffe Predigtgottesdienst bzw. Wort-Gottes-Feier machen schon deutlich, wo in dieser Gottesdienstform der Schwerpunkt liegt.

Im evangelischen Bereich ist der Predigtgottesdienst trotz der kontinuierlichen Zunahme von Abendmahlsgottesdiensten in den letzten Jahrzehnten die vorherrschende Gestalt des sonntäglichen Gottesdienstes. Der Predigtgottesdienst ist, anders als der Wortgottesdienst der katholischen Messe, eine selbstständige liturgische Form. Dabei nimmt die Predigt schon von der Zeitdauer her eine zentrale Stellung ein.

In der römisch-katholischen Kirche ist die Eucharistiefeier (Messfeier) die Hochform gottesdienstlichen Feierns und der zentrale Gottesdienst am Sonntag. Daneben gibt es seit dem Zweiten Vatikanischen Konzil (1962–1965) die Wort-Gottes-Feier als selbstständige Feier, in der die Verkündigung und Auslegung des Wortes Gottes sowie die gläubige Antwort der Gemeinde (in Gesang, Bekenntnis und Gebet) die zentralen Elemente sind. In Gemeinden ohne Priester finden vielerorts auch an Sonn- und Feiertagen von beauftragten Laien geleitete Wort-Gottes-Feiern statt, die allerdings kein vollwertiger Ersatz für die Sonntagseucharistie sind.

Predigtgottesdienste bzw. Wort-Gottes-Feiern sind immer offen für die Teilnahme von Mitgliedern anderer Konfessionen.

Da Wort-Gottes-Feiern und Predigtgottesdienste eine ähnliche Grundstruktur haben, haben sie sich zur Regelform von ökumenischen Gottesdiensten entwickelt. Die vorliegende Handreichung bietet nach dem Grundmuster eines Predigtgottesdienstes bzw. einer Wort-Gottes-Feier Modelle an für einen Taufgedächtnisgottesdienst, einen Segnungsgottesdienst, einen Bußgottesdienst, einen Dank- bzw. Lobpreisgottesdienst sowie für Gedenkgottesdienste zum Gedenktag der Opfer des Nationalsozialismus am 27. Januar, zum Reformationstag am 31. Oktober und zu einem Totengedenken.

GEBETS- UND MEDITATIONSGOTTESDIENSTE/ANDACHTEN
Häufig finden ökumenische Gottesdienste auch in der Form von Gebets- und Meditationsgottesdiensten/Andachten statt. Sie zeichnen sich durch große Freiheit im Ablauf und in den Ausdrucksformen aus. Lobpreisendes und fürbittendes Gebet sowie meditative Elemente stehen im Vordergrund. Gesang und Musik spielen dabei eine wichtige Rolle. Immer hat auch das Wort der Schrift einen Platz, wenn auch nicht in so ausgeprägter Form wie in der Wort-Gottes-Feier.

Unter diesen Gebets- und Meditationsgottesdiensten spielt die „Andacht" eine besondere Rolle. Katholischerseits besteht eine Andacht überwiegend aus Wechselgebeten und Gesängen, während in der evangelischen Tradition eine – wenn auch kürzere – Predigt im Mittelpunkt steht. Die vorliegende Handreichung enthält sowohl konfessionell geprägte Formen (z. B. Kreuzwegandacht [katholisch] und Passionsandacht zum Kreuzweg [evangelisch]) als auch freie Formen (z. B. Dank-, Klage-, Bittgottesdienst).

TAGZEITENGOTTESDIENSTE
In den meisten christlichen Konfessionen strukturieren Tagzeitengottesdienste den Tag. Sie sind durch die Geschichte hindurch sehr ähnlich geblieben. Sowohl im „Gotteslob" (Nr. 672–700) als auch in den Regionalteilen des „Evangelischen Gesangbuchs" sind entsprechende Ordnungen abgedruckt. Bibelübersetzungen und Melodien sind so unterschiedlich, dass es nicht sinnvoll erscheint, hier Modelle anzubieten. Vielmehr wird empfohlen, dass die einladende Gemeinde die Gäste in ihren Vollzug hineinnimmt. Dementsprechend werden hier lediglich freie Formen eines ökumenischen Morgen- und Abendgebets und ein Taizégebet vorgeschlagen.

Einschränkungen für gemeinsames Feiern

Auf dem Weg zur Einheit der Kirche Jesu Christi sind in den vergangenen Jahrzehnten Fortschritte erzielt worden, wie zuletzt auch auf offizieller Ebene die Gemeinsame Erklärung zur Rechtfertigungslehre der römisch-katholischen Kirche und des Lutherischen Weltbundes gezeigt hat. Dennoch gibt es nach wie vor Einschränkungen für das gemeinsame Feiern. Dies betrifft vor allem den Bereich der Sakramente und der ihnen zugeordneten Handlungen. Es betrifft auch den Sonntagvormittag, an dem in der römisch-katholischen Kirche eine Eucharistiefeier stattfindet.

Grundsatz bei den vorliegenden Modellen war es, nicht über das heute für beide Kirchen gemeinsam Mögliche hinauszugehen.

SAKRAMENTE UND IHNEN ZUGEORDNETE HANDLUNGEN
Für die römisch-katholische Kirche sind Kirchenzugehörigkeit und Teilnahme an der Eucharistie unabdingbar miteinander verbunden. Für ökumenische Gottesdienste ergibt sich daraus, dass diese keine Eucharistiefeiern sein können.

In der lutherischen Kirche gibt es ein abgestuftes Einladungsverhalten zum Heiligen Abendmahl, das ebenfalls an die Ekklesiologie gebunden ist. Mitglieder von Kirchen, mit denen Kirchengemeinschaft besteht (reformierte, unierte, methodistische Kirchen), sind eingeladen, genauso wie Mitglieder von Kirchen, mit denen „eucharistische Gastfreundschaft" vereinbart wurde (Mennoniten, Altkatholische Kirche). Darüber hinaus können grundsätzlich alle Christen das Abendmahl empfangen, sofern sie im Namen des dreieinigen Gottes getauft sind und glauben, dass Christus in den Elementen von Brot und Wein gegenwärtig ist.

Manche Handlungen ordnet die römisch-katholische Kirche bestimmten Sakramenten zu. So sollte z. B. in einem Segnungsgottesdienst von Kranken keine Salbung vorgesehen werden, da eine Salbung von Kranken in der römisch-katholischen Kirche dem Sakrament der Krankensalbung vorbehalten ist.

GOTTESDIENSTE AM SONNTAGVORMITTAG
In beiden Kirchen ist der Sonntagvormittag die zentrale Gottesdienstzeit. Da in der römisch-katholischen Kirche der zentrale Sonntagsgottesdienst eine Eucharistiefeier ist, darf in dieser Zeit in der Regel kein ökumenischer Gottesdienst stattfinden. In bestimmten Fällen und aus wichtigen Gründen sind mit Genehmigung der zuständigen bischöflichen Behörde Ausnahmen möglich.[1]

Die Mitwirkung der Teilnehmenden

Bei den in dieser Handreichung vorgelegten Gottesdienstmodellen hat die aktive Beteiligung der Mitfeiernden einen hohen Stellenwert.

Ökumenische Gottesdienste beinhalten neben dem Vertrauten oft auch fremde Elemente aus der jeweils anderen Tradition. Die Gestaltung soll aber so sein, dass das gemeinsame Feiern für beide Seiten leicht möglich ist. So zielen die vorliegenden Formulare auf eine aktive Beteiligung der Mitfeiernden durch Responsorien, Akklamationen, Kehrverse, Wechselgesänge und Lieder.

Geprägte Texte, bei denen es keine ökumenisch beschlossenen Formulierungen gibt, werden in einer konfessionsspezifischen Form wiedergegeben. Damit wird jeweils einer konfessionellen Tradition der Vorzug gewährt.

Für viele der vorgeschlagenen Gottesdienste wird es notwendig sein, ein Lied- und Textblatt vorzubereiten, um die Mitfeier der Gemeinde zu ermöglichen bzw. zu erleichtern.

---

[1] Vgl. Erklärung der Deutschen Bischofskonferenz bezüglich ökumenischer Gottesdienste vom 24.02.1994, z. B. in: KA Trier 138 (1994) Nr. 63, S. 56f.

In den Hinweisen zur Feier werden zudem öfters Vorschläge für eine aktive Mitwirkung von Laien gemacht. Dies gilt sowohl für Aufgaben im Rahmen der Vorbereitung als auch für liturgische Dienste während der Feier.

Die Handhabung der Modelle und ihrer Elemente

Die in dieser Handreichung vorgeschlagenen Gottesdienste sind Modelle, d. h. sie sind der jeweiligen Situation anzupassen. Unverzichtbare und konstitutive Elemente sind das Wort Gottes und das Gebet.

In den *Vorbemerkungen* werden die Formulare erläutert. Zudem wird gesagt, wann und wie der jeweilige Gottesdienst in der katholischen und in der evangelischen Kirche gefeiert wird. Dies kann auch dazu anregen, nach einer bestimmten Tradition gemeinsam zu feiern.

Die *Hinweise zur Gestaltung* zeigen notwendige Vorbereitungsschritte, Mitwirkungsmöglichkeiten und Varianten zur Abwechslung auf.

Im Verlauf werden drei Strukturmodelle unterschieden: Wort-Gottes-Feier/Predigtgottesdienst, Gebets- und Meditationsgottesdienst/Andacht und Tagzeitengottesdienst. Bei jeder Feier wird das entsprechend adaptierte Strukturmodell aufgeführt.

Bei jedem Gottesdienst wird auf besondere *Texte und Gesänge* hingewiesen. Was die Gesänge betrifft, sollten die jeweils am Ort bekannten ökumenischen Lieder genommen werden, so dass auch die Gäste in den Gesang einstimmen können. Die bibliografischen Angaben zu den Liedsammlungen und deren Abkürzungen sind auf S. 8 zu finden. Bestehen bei Gesängen zwischen den genannten Gesangbüchern Unterschiede in Text und/oder Melodie, werden die Fassungen getrennt aufgeführt.

Gruß und Einführung werden grundsätzlich in liturgisch gebundener Form abgedruckt, damit die Teilnehmenden darauf antworten können.

Dabei ist zu beachten, dass der liturgische Gruß „Der Herr sei mit euch", auf den die Gemeinde antwortet „Und mit deinem Geiste" nach der Tradition der meisten Kirchen des Ostens und Westens den Ordinierten vorbehalten ist[2].

---

[2] Konkrete Vorschläge für Grußformeln, wenn katholischerseits ein beauftragter Laie den Gottesdienst leitet, sind z. B.: „O Gott, komm mir zu Hilfe. – Herr,

In freier Form soll dann der Anlass für die Feier benannt werden. Diese Einführung ist knapp und keine „erste Predigt".

Das *Eröffnungsgebet* ist in der Regel kurz. Zwischen der Gebetsaufforderung und dem Gebet soll Stille herrschen. Wo eine solche Gebetspause ungewohnt ist, kann ein hinführendes Wort helfen, diese Stille zum Gebet zu nutzen.

Das Eröffnungsgebet kann (gemäß evangelischem Brauch) auch in Form eines geeigneten Psalms vorgetragen werden.

Psalmen werden in den vorliegenden Modellen an verschiedenen Stellen als meditative Gebets- und Antwortelemente vorgeschlagen. Sie können im Wechsel gesprochen oder gesungen oder auch von Einzelnen vorgetragen werden.

Die *Schriftlesung* ist ein unverzichtbarer Bestandteil jedes Gottesdienstes. In jedem Formular werden mehrere Texte wahlweise vorgeschlagen.

Die *Predigt* bezieht sich inhaltlich in der Regel auf die Lesung bzw. ein liturgisches Element der Feier und berücksichtigt den jeweiligen Anlass. Die Beschränkung auf eine einzige Predigt ist sinnvoll. Wenn dennoch Vertreter aller beteiligten Konfessionen bei der Auslegung mitwirken sollen, legen sich dialogische Formen nahe.

In einigen Modellen sind *Symbole* oder *Zeichenhandlungen* vorgesehen. Da diese oft nur in einer der beteiligten Kirchen beheimatet sind, muss deren Einsatz gut vorbereitet und bedacht werden.

Die *Fürbitten* sind in der Regel auf aktualisierende Ergänzungen bzw. Veränderungen hin angelegt, die sich aus der jeweiligen konkreten Situation ergeben. Die Einbeziehung von Laien bei der Vorbereitung und beim Vortrag der Fürbitten ist wünschenswert. Nach dem Aussprechen der Gebetsaufforderung soll eine Gebetsstille herrschen, damit sich die Gemeinde das Anliegen zu eigen machen kann. Das Signal für den Gebetsruf der Gemeinde muss eindeutig sein. Das Fürbittgebet schließt immer mit dem gemeinsam gesprochenen oder gesungenen *Vaterunser* (einschließlich der Doxologie „Denn dein ist das Reich ...").

---

eile mir zu helfen." oder „Herr, öffne meine Lippen. – Damit mein Mund dein Lob verkünde." oder „Ehre sei dem Vater und dem Sohn und dem Heiligen Geist. – Wie im Anfang so auch jetzt und allezeit und in Ewigkeit. Amen." (Vgl. Zum gemeinsamen Dienst berufen. Die Leitung gottesdienstlicher Feiern – Rahmenordnung für die Zusammenarbeit von Priestern, Diakonen und Laien im Bereich der Liturgie. In: Die Deutschen Bischöfe Nr. 62, Bonn 1999, Nr. 64.)

Dem *Schlusssegen* kann ein Sendungswort vorangehen bzw. ein Entlassruf folgen. Auch hier sind die Traditionen der beteiligten Konfessionen aufgenommen. Der Schlusssegen sollte nur von einer der vorstehenden Personen gesprochen werden.[3]

---

[3] Wenn katholischerseits ein beauftragter Laie den Gottesdienst leitet, wird beim Segen die „uns"-Form verwendet. (Vgl. Zum gemeinsamen Dienst berufen. Die Leitung gottesdienstlicher Feiern – Rahmenordnung für die Zusammenarbeit von Priestern, Diakonen und Laien im Bereich der Liturgie. In: Die Deutschen Bischöfe Nr. 62, Bonn 1999, Nr. 64f.)

Wort-Gottes-Feiern/ Predigtgottesdienste

Taufgedächtnis

I. Vorbemerkungen

In immer mehr Gemeinden gibt es ökumenische Taufgedächtnisgottesdienste. Den Anstoß für solche Gottesdienste gaben in Deutschland Kirchen- und Katholikentage. Erstmals wurden auf dem Evangelischen Kirchentag 1985 in Düsseldorf und auf dem Katholikentag 1986 in Aachen ökumenische Taufgedächtnisgottesdienste gefeiert. Ausgangspunkt für diese neue Form ökumenischer Gottesdienste waren die 1982 in Lima verabschiedeten Dokumente der Kommission für Glaube und Kirchenverfassung des Ökumenischen Rates der Kirchen (ÖRK) über Taufe, Eucharistie und Amt.

In beiden Kirchen gibt es vielfältige Formen der Tauferinnerung. Ein klassischer Ort dafür ist die Feier der Osternacht. In der katholischen Kirche stellt die Bekräftigung des Taufglaubens bei der Firmung und der Erstkommunion eine besondere Form der Tauferinnerung dar. Auch die sonntägliche Besprengung der Gemeinde mit Weihwasser (Asperges), die Bezeichnung mit dem Kreuz mit Weihwasser am Eingang der Kirche oder die Besprengung des Sarges beim Begräbnis stehen in diesem Kontext. In der evangelischen Kirche spielt das Taufgedächtnis bei der Konfirmation und bei den Konfirmationsgedächtnisfeiern eine besondere Rolle. Daneben ist es bei der Verkündigung am 6. Sonntag nach Trinitatis zentral.

Ökumenische Taufgedächtnisgottesdienste bringen die Gemeinsamkeit der einen Taufe, die wir im Credo bekennen, zeichenhaft zum Ausdruck. Diese Form der gemeinsamen ökumenischen Feier ist für vielfältige Situationen und Gelegenheiten geeignet, denn hier kommt besonders stark zum Ausdruck, was die Konfessionen miteinander verbindet. Wird mit dem Taufgedächtnis ausdrücklich die Bitte um den Heiligen Geist verbunden, so ist ein solcher Gottesdienst besonders geeignet für die Zeit vor Pfingsten oder für den Pfingstmontag.

II. Hinweise zur Gestaltung

Ein Taufgedächtnisgottesdienst sollte sich am Grundschema der Wort-Gottes-Feier/des Predigtgottesdienstes orientieren. Dabei liegt der Schwerpunkt auf der Verkündigung und dem mit einer Zeichenhandlung verbundenen Taufgedächtnis.

Je nach den örtlichen Gegebenheiten kann Licht oder Wasser zu einem Zeichen der Tauferinnerung werden.

Im ersten Fall erhalten alle eine Kerze. Ist die Feiergemeinschaft klein, können alle die Kerze selbst an der Osterkerze entzünden und gegebenenfalls in der Nähe stehen bleiben. Bei einer größeren Teilnehmerzahl wird das Licht von einer Person zur anderen weitergereicht. Wenn alle das Licht erhalten haben, folgen der Lobpreis und das Glaubensbekenntnis. Mit den Kerzen kann eine Prozession zum Taufbrunnen/Taufort gehalten werden, wo das Glaubensbekenntnis gesprochen und der Taufglaube erneuert wird.

Wird Wasser verwendet, kann dies durch Austeilen von Wasser aus einer Schale, aber auch durch eine Prozession zum Taufbrunnen/Taufort geschehen. Die Teilnehmenden können sich selbst oder einander gegenseitig mit einem Kreuz auf die Stirn oder in die geöffnete Hand bezeichnen. (Die Verwendung des Wassers sollte für alle erlebbar sein. Beispielsweise kann man vor dem Lobpreis das Wasser aus einem Krug in eine große Schale gießen und später mit kleinen Schalen zum Austeilen daraus schöpfen.)

Immer ist es sinnvoll, wenn die örtlichen Verhältnisse es erlauben, das Glaubensbekenntnis am Taufbrunnen/Taufort abzulegen.

III. Verlauf

ERÖFFNUNG
Musik/Gesang
Gruß und Einführung
(Schuldbekenntnis)
Christusanrufung
Gebet

Verkündigung und Taufgedächtnis
Lesung
Antwortgesang
(Lesung des Evangeliums)
Auslegung
Lobpreis
Gesang
Zeichenhandlung
Gesang
Glaubensbekenntnis
(Gesang)

Abschluss
Fürbitten
Vaterunser
Sendung/Segen/Entlassung
Musik/Gesang

IV. Texte und Gesänge

Gesang

Ach bleib mit deiner Gnade (EG 347, GL 436, RG 342)
Bis hierher hat mich Gott gebracht (EG 329)
Du bist da, bist am Anfang der Zeit (KAA 034)
Herr, du bist mein Leben (KAA 050)
Herr Jesu Christ, dich zu uns wend (EG 155, GL 147, KG 199, RG 156)
Ich bin getauft auf deinen Namen (EG 200, RG 177)
Ich bin getauft und Gott geweiht (GL 491, KG 4)
Ich freu mich in dem Herren (EG 349)
Ich singe dir mit Herz und Mund (EG 324, RG 723)
In dem Herren freuet euch (EG 359)
Komm her, freu dich mit uns, tritt ein (GL 148, KG 42, UW 146)
Lob, Anbetung, Ruhm und Ehre (KAA 04)
Lobe den Herren, den mächtigen König der Ehren (EG 316, GL 392, KG 524, RG 242, UW 260)
Singt dem Herrn, alle Völker und Rassen (KG 536, RG 250, UW 67)
Such, wer da will, ein ander Ziel (EG 346, RG 276)
Wohl denen, die da wandeln (EG 295, GL 543, KG 551, RG 76) Ps 119

Gruß[4] *und Einführung*

L: Im Namen Gottes, des Vaters und des Sohnes und des Heiligen Geistes.
A: Amen.
L: Die Liebe Gottes ist ausgegossen in unsere Herzen durch den Heiligen Geist, der uns gegeben ist. *(Röm 5,5)*
Unser Herr Jesus Christus, dessen Namen wir seit unserer Taufe tragen, er sei mit euch.
A: Und mit deinem Geist.

L: Liebe Schwestern und Brüder.
Durch die Taufe gehören wir zu Jesus Christus. Sein Geist wurde in der Taufe ausgegossen in unsere Herzen. Es ist der Geist des Auferstandenen, der lebt und Leben schafft. In der Kraft dieses Geistes können wir vertrauensvoll auf unser Leben schauen und mutig in die Zukunft blicken.
Deshalb gedenken wir in diesem Gottesdienst dankbar unserer Taufe. Wir tun es im ökumenischen Miteinander; denn die Taufe verbindet uns über die Grenzen der Konfessionen hinweg als Glieder des einen Leibes, als Kirche Jesu Christi.

Christusanrufung

L: Dankbar sehen wir die vielen Bemühungen um Einheit. So mancher Schritt wurde schon aufeinander zugetan. Aber noch sind die Wunden nicht verheilt. Noch ist die Spaltung nicht überwunden. Bitten wir deshalb den Herrn der Kirche um sein Erbarmen:

Ach lieber Herre Jesu Christ, der du ein Kindlein worden bist (EG 203)
Du bist ewig, du bist nahe (KAA 08)
Du rufst uns Herr, trotz unsrer Schuld (GL 161, KG 63)
Herr Jesus, du rufst die Menschen zur Umkehr (GL 163.4, KG 60.3)
Lobe den Herrn, meine Seele (KAA 010)
Sonne der Gerechtigkeit (Böhmen/Nürnberg, EG 262, GL 418, UW 133)
Sonne der Gerechtigkeit (Böhmen/Weiße, KG 509, RG 795)
Wo wir dich loben, wachsen neue Lieder (KAA 013)

---

[4] Siehe oben Anm. 2.

Taufgedächtnis

Oder:
- L: Erbarme dich, Herr, unser Gott, erbarme dich.
- A: Erbarme dich, Herr, unser Gott, erbarme dich.
- L: Wir haben vor dir gesündigt und bekennen unsere Schuld.
- A: Erbarme dich, Herr, unser Gott, erbarme dich.
- L: Erweise, Herr, uns deine Huld und schenke uns dein Heil.
- A: Erbarme dich, Herr, unser Gott, erbarme dich.
- L: Nachlass, Vergebung und Verzeihung unserer Sünden gewähre uns der allmächtige und barmherzige Herr.
- A: Amen.

Oder:
- L: Herr Jesus Christus, in der Taufe sind wir mit deinem göttlichen Leben beschenkt.
- K: Wir rufen dich an: Herr, erbarme dich, Christus, erbarme dich, Herr, erbarme dich.
- A: Herr, erbarme dich, Christus, erbarme dich, Herr, erbarme dich.
- L: Du führst alle Getauften zu einem Volk zusammen.
- K: Wir rufen dich an:
- A: Herr, erbarme dich, Christus, erbarme dich, Herr, erbarme dich.
- L: Du erfüllst die Getauften mit dem Geist deiner Liebe.
- K: Wir rufen dich an:
- A: Herr, erbarme dich, Christus, erbarme dich, Herr, erbarme dich.

Lesung

Ihr alle seid einer in Christus Jesus. (Gal 3,26–29)
Geboren aus Wasser und Geist (Joh 3,1–6)
Die Taufe als Grund des neuen Lebens (Röm 6,1–11)
Das Bad der Wiedergeburt und Erneuerung im Heiligen Geist (Tit 2,11–14; 3,4–7)

Gesang

Danket, danket dem Herrn (Kanon à 4 – EG 336, GL 406, RG 93, UW 73)
Ich bin der Weinstock (KAA 076)
Ich lobe meinen Gott, der aus der Tiefe mich holt (EG.B 615, GL 383, UW 161)
Ich suchte den Herrn, Ruhm seinem Namen (GL 651.3-4) Ps 34

Ich will, so lang ich lebe (EG 276) Ps 34
Jauchzt, alle Lande, Gott zu Ehren (EG 279) Ps 66
Laudáte, omnes gentes (EG 181.6, GL 386, KG 519, RG 71, UW 74)
Lob sei dem Herrn, Ruhm seinem Namen (KG 139) Ps 34
Nun singe Lob, du Christenheit (EG 265, GL 487)
Singt dem Herrn ein neues Lied! (KAA 07)

Lobpreis

L: **Durch unsere Taufe gehören wir zur großen Gemeinschaft derer, die den Namen Jesu Christi tragen.** Wir wissen uns verbunden mit allen, die uns im Glauben vorangegangen sind, mit allen, die mit uns den Weg des Glaubens gehen und mit allen, die uns im Glauben folgen werden.
Für das Geschenk dieser Gemeinschaft mit Gott und den Menschen lasst uns den Herrn preisen mit Worten des Epheserbriefes *(1,3–14)*:

S: **Gepriesen sei Gott, der Gott und Vater unseres Herrn Jesus Christus: / Er hat uns mit allem Segen seines Geistes gesegnet / durch unsere Gemeinschaft mit Christus im Himmel.**

A: **Denn in ihm hat er uns erwählt vor der Erschaffung der Welt, / damit wir heilig und untadelig leben vor Gott.**

S: **Er hat uns aus Liebe im Voraus dazu bestimmt, / seine Söhne zu werden durch Jesus Christus / und nach seinem gnädigen Willen zu ihm zu gelangen, / zum Lob seiner herrlichen Gnade.**

A: **Er hat sie uns geschenkt in seinem geliebten Sohn; / durch sein Blut haben wir die Erlösung, / die Vergebung der Sünden nach dem Reichtum seiner Gnade.**

S: **Durch sie hat er uns mit aller Weisheit und Einsicht reich beschenkt / und hat uns das Geheimnis seines Willens kundgetan, / wie er es gnädig im Voraus bestimmt hat:**

A: **Er hat beschlossen, die Fülle der Zeiten heraufzuführen, / in Christus alles zu vereinen, alles, was im Himmel und auf Erden ist.**

S: **Durch ihn sind wir auch als Erben vorherbestimmt und eingesetzt / nach dem Plan dessen, der alles so verwirklicht, / wie er es in seinem Willen beschließt.**

A: **Wir sind zum Lob seiner Herrlichkeit bestimmt, / die wir schon früher auf Christus gehofft haben.**

S: Durch ihn habt auch ihr das Wort der Wahrheit gehört, / das Evangelium von eurer Rettung; / durch ihn habt ihr das Siegel des verheißenen Heiligen Geistes empfangen, / als ihr den Glauben annahmt.
A: Der Geist ist der erste Anteil des Erbes, / das wir erhalten sollen, / der Erlösung, durch die wir Gottes Eigentum werden, / zum Lob seiner Herrlichkeit.

Oder:

Gebet zum Taufgedächtnis (allgemein)

L: Gott, himmlischer Vater,
durch die Taufe hast du uns ein für allemal mit dir verbunden.
Wir danken dir für deine Güte, von der wir täglich neu leben.
Hilf, dass wir unseren Weg gehen
im Vertrauen auf deine barmherzige Nähe.
Du hast uns alle in der Taufe beim Namen gerufen;
mach uns zu Boten der Versöhnung in der zerstrittenen Welt.
Darum bitten wir durch unseren Herrn Jesus Christus,
deinen Sohn,
der mit dir und dem Heiligen Geist lebt und regiert in Ewigkeit.
A: Amen.

Gesang

Da wohnt ein Sehnen tief in uns (KAA 074, UW 234)
Der Geist des Herrn erfüllt das All (GL 347, KG 232)
Jesu, geh voran (EG 391, RG 690)
Komm, Heilger Geist, mit deiner Kraft (EG.B 564)
Komm, Heilger Geist, der Leben schafft (EG.B 563, GL 342, UW 119)
Komm, Heilger Geist, mit deiner Kraft (EG.B 564)
Löscht den Geist nicht aus (UW 120)
Nun bitten wir den Heiligen Geist (EG 124, KG 482, RG 502)
Nun bitten wir den Heiligen Geist (GL 348)

Zeichenhandlung[5]
Kerze

- L: Gott, unser Vater, alles Gute kommt von dir. Du hast das Licht geschaffen, das unser Leben hell macht.
  Wir loben dich.
- A: Wir preisen dich.
- L: Dein Licht hat dem Volk Israel den Weg durch die Wüste gezeigt.
  Wir loben dich.
- A: Wir preisen dich.
- L: Dein Sohn ist das Licht der Welt, das jeden Menschen erleuchtet.
  Wir loben dich.
- A: Wir preisen dich.
- L: Das Licht dieser Kerzen weist uns hin auf unsere Taufe.

Oder:

- L: Das Licht dieser Kerzen weist uns hin auf unsere Taufe. Sei uns nahe, gütiger Gott, und segne uns.
  Schenke uns die Kraft des Glaubens und die Gemeinschaft mit Christus, der mit dir lebt und herrscht in Ewigkeit.
- A: Amen.

Wasser

- L: Gott und Vater, alles Gute kommt von dir. Du hast das Wasser geschaffen, das bedrohlich sein kann und segensreich, das Leben gibt und erhält.
  Wir loben dich.
- A: Wir preisen dich.
- L: Du hast dein Volk Israel am Roten Meer gerettet und in der Wüste seinen Durst gestillt.
  Wir loben dich.
- A: Wir preisen dich.
- L: Dein Sohn wurde von Johannes im Jordan getauft und hat so das Wasser geheiligt.
  Wir loben dich.
- A: Wir preisen dich.
- L: Dieses Wasser weist uns hin auf die Taufe.

---

[5] Siehe Einführung, S. 17.

Oder:
L: Dieses Wasser weist uns hin auf unsere Taufe. Sei uns nahe, gütiger Gott, und segne uns. Dein Geist schenke uns die Kraft des Glaubens und die Gemeinschaft mit Christus, der mit dir lebt und herrscht in Ewigkeit.
A: Amen.

Einleitung zum Glaubensbekenntnis
L: Bekräftigen wir nun mit den Worten des Apostolischen Glaubensbekenntnisses, was wir selbst oder unsere Eltern, Patinnen und Paten bei unserer Taufe stellvertretend bekannt haben:
A: Ich glaube an Gott ...

Oder:
L: Das Glaubensbekenntnis ist das gemeinsame Zeugnis der Christenheit bei der Heiligen Taufe. Wir sprechen dieses Bekenntnis gemeinsam und nehmen von neuem zu Herzen, was wir in der Taufe empfangen haben: Gott, der uns geschaffen hat, will unser Vater sein; Christus, der uns erlöst hat, will unser Bruder sein; der Heilige Geist, der uns verheißen ist, will uns den Weg des Lebens führen. Wir bekennen gemeinsam:
A: Ich glaube an Gott ...

Ausgestaltung des Glaubensbekenntnisses
L: Das ist unser Glaube, zu dem wir uns bekennen.
Ich frage Sie: Sind Sie bereit, aus diesem Glauben zu leben?
(Dann antworten Sie: Mit Gottes Hilfe bin ich bereit.)
A: Mit Gottes Hilfe bin ich bereit.
L: Sind Sie bereit, auf Gottes Wort zu hören?
A: Mit Gottes Hilfe bin ich bereit.
L: Sind Sie bereit, das Evangelium Christi in der Welt zu bezeugen?
A: Mit Gottes Hilfe bin ich bereit.
L: Sind Sie bereit, sich im Geist Jesu für Wahrheit, Gerechtigkeit und Friede einzusetzen?
A: Mit Gottes Hilfe bin ich bereit.
L: Sind Sie bereit, einander als Schwestern und Brüder anzunehmen in der Gemeinschaft der einen Kirche Jesu Christi?

A: Mit Gottes Hilfe bin ich bereit.
L: Der Herr begleite Sie mit seiner Kraft und führe Sie in seiner Gemeinschaft zum ewigen Leben.
A: Amen.

Gesang

Die Gott lieben, werden sein wie die Sonne (KAA 059)
Dir, dir, Jehova, will ich singen (RG 243)
Dir, dir, o Höchster, will ich singen (EG 328)
Ein reines Herz, Herr, schaff in mir (EG 389)
Erneure mich, o ewigs Licht (EG 390)
Großer Gott, wir loben dich (EG 331, GL 380, KG 175, RG 247)
Kommt, atmet auf, ihr sollt leben (KAA 062)
Lasst uns loben, freudig loben (GL 489, KG 504, UW 136)
Mein Schöpfer, steh mir bei (KAA 0121)
Nun singe Lob, du Christenheit (EG 265, GL 487)
Te Deum laudámus, wir loben dich, o Gott (Kanon à 4 – GL 407, UW 71)

Fürbitten

L: Gott hat uns in der Taufe als seine Söhne und Töchter angenommen. Ihn, unseren Vater, bitten wir voll Vertrauen:
S: Wir beten für alle Glieder des einen Leibes Christi: um den Mut zu einem Leben aus dem Glauben. – *Stille* –
K: Gott, unser Vater.
A: Wir bitten dich, erhöre uns.
S: Wir beten für die getrennten Kirchen: um Einheit in Wort und Sakrament. – *Stille* –
K: Gott, unser Vater.
A: Wir bitten dich, erhöre uns.
S: Wir beten für alle, die nach dem Sinn des Lebens fragen: um den Beistand des Heiligen Geistes. – *Stille* –
K: Gott, unser Vater.
A: Wir bitten dich, erhöre uns.
S: Wir beten für alle, die sich im Stich gelassen und ausgegrenzt fühlen: um ein aufmunterndes Wort und eine helfende Hand. – *Stille* –
K: Gott, unser Vater.
A: Wir bitten dich, erhöre uns.
S: Wir beten für alle, die uns im Glauben vorangegangen sind: um das ewige Leben. – *Stille* –

K: Gott, unser Vater.
A: **Wir bitten dich, erhöre uns.**
S: **Wir beten in der Stille.** ...
K: Gott, unser Vater.
A: **Wir bitten dich, erhöre uns.**
L: Wir beten, wie der Herr uns gelehrt hat:
A: **Vater unser** ...

Oder:

L: Durch die eine Taufe in Christus verbunden, tragen wir unsere Bitten vor Gott:
S: Für alle Getauften: dass sie die Taufgnade ein Leben lang bewahren und in der Liebe Christi zueinander finden.
Wir bitten dich, erhöre uns.
A: **Wir bitten dich, erhöre uns.**
S: Für alle von ihrer Kirche Enttäuschten: dass sie Christen begegnen, die in Wort und Tat das Evangelium bezeugen.
A: **Wir bitten dich, erhöre uns.**
S: Für diejenigen, die aus gesellschaftlicher Konvention ihre Kinder taufen lassen: dass sie vom Anruf Gottes neu getroffen werden.
A: **Wir bitten dich, erhöre uns.**
S: Für die Taufbewerber und die Getauften in den nichtchristlichen Ländern: dass sie Kraft und Mut zum Bekenntnis finden.
A: **Wir bitten dich, erhöre uns.**
S: Für die Verantwortlichen in den Kirchenleitungen: dass sie auf dem Fundament der einen Taufe an der Einheit der Kirche weiterbauen.
A: **Wir bitten dich, erhöre uns.**
S: Für uns alle: dass wir unsere gemeinsame Verantwortung aufgrund der einen Taufe wahrnehmen und ausüben für die Einigung der Kirche und die Heiligung der Welt.
A: **Wir bitten dich, erhöre uns.**
L: Gott, unser Vater, in der Taufe hast du uns deine Gnade geschenkt. Lass sie dauerhaft zur Wirkung kommen, damit durch unser Tun dein Reich bereitet werde. –
Wir bitten um das Kommen des Reiches Gottes mit den Worten, die Jesus uns gelehrt hat:
A: **Vater unser** ...

Segen[6]

L: **Barmherziger Gott,
beschütze dein Volk, das du dir erwählt hast.
Bewahre alle Getauften in deiner Gnade und führe sie
durch dieses Leben zur ewigen Gemeinschaft mit dir.
Darum bitten wir durch Christus, unseren Herrn.**
A: **Amen.**
L: **Und der Segen des allmächtigen Gottes, des Vaters und des
Sohnes und des Heiligen Geistes, komme auf euch herab und
bleibe bei euch alle Zeit.**
A: **Amen.**

Oder:
L: **Der Herr segne euch und behüte euch;
der Herr lasse sein Angesicht über euch leuchten
und sei euch gnädig;
er wende euch sein Antlitz zu
und schenke euch seinen Frieden!**   *(Vgl. Num 6,24–26)*
A: **Amen.**

Oder:
Sendung und Segen

L: **Wir haben vor Gott und unseren Mitchristen unseren Glauben bekannt und unserer Taufe gedacht. Jetzt sendet uns der Herr als Zeugen des Glaubens in unseren Alltag. Er hat versprochen, selbst gegenwärtig zu sein, wo wir seinen Namen bekennen.
Dazu stärke und segne uns der allmächtige und barmherzige Gott, der Vater und der Sohn und der Heilige Geist.**
A: **Amen.**

Gesang

Du meine Seele, singe (EG 302, RG 98) Ps 146
Ein Danklied sei dem Herrn (GL 382, UW 65)
Geh unter der Gnade (KAA 0116)
Ich lobe meinen Gott, der aus der Tiefe mich holt (EG.B 615, GL 383, UW 161)

---

[6] Siehe oben Anm. 3.

Ich lobe meinen Gott von ganzem Herzen (EG 272, GL 400, KAA 02, RG 8, UW 252) Ps 9
Ich singe dir mit Herz und Mund (EG 324, RG 723)
Lobe den Herren, den mächtigen König der Ehren (EG 316, GL 392, KG 524, RG 242, UW 260)
Nun danket alle Gott (EG 321, GL 405, KG 236, RG 233, UW 78)
Wie schön leuchtet der Morgenstern (EG 70, GL 357, KG 194, RG 653)

Anregungstexte

1.
Christ, erkenne deine Würde! Du bist der göttlichen Natur teilhaftig geworden, kehre nicht zu der alten Erbärmlichkeit zurück und lebe nicht unter deiner Würde. Denk an das Haupt und den Leib, dem du als Glied angehörst! Bedenke, dass du der Macht der Finsternis entrissen und in das Licht und das Reich Gottes aufgenommen bist. Durch das Sakrament der Taufe wurdest du ein Tempel des Heiligen Geistes.

(Leo der Große)

2.
Ich danke dir, mein Herr Christus, mit Herz und Mund preise und lobe ich dich vor der Welt, dass du der bist, der mir gnädig ist und mir hilft. Denn so hab ich's angenommen in der Taufe: dass du mein Herr und Gott sein sollst und kein anderer.

(Martin Luther)

3.
Die Anhänger Christi sind von Gott nicht kraft ihrer Werke, sondern aufgrund seines gnädigen Ratschlusses berufen und in Jesus dem Herrn gerechtfertigt, in der Taufe des Glaubens wahrhaft Kinder Gottes und der göttlichen Natur teilhaftig und so wirklich heilig geworden. Sie müssen daher die Heiligung, die sie empfangen haben, mit Gottes Gnade im Leben bewahren und zur vollen Entfaltung bringen.

(Zweites Vatikanisches Konzil, Dogmatische Konstitution über die Kirche „Lumen Gentium" 40)

Segnungsgottesdienst

I. Vorbemerkungen

Der Mensch ist segensbedürftig. Er verlangt nach Heil, Schutz, Glück und Erfüllung seines Lebens. Darum sprechen sich Menschen gegenseitig Segen zu: Sie wünschen sich Gutes. Vor allem erhoffen und erbitten sie Segen von Gott.

Auf die Lebensgemeinschaft zwischen Gott und Mensch weist in der Bibel der wechselnde Gebrauch des Wortes „berek" hin: Spricht es vom Wirken Gottes, dann bedeutet es „segnen"; spricht es vom Tun des Menschen, dann bedeutet es „lobpreisen". Das Segnen Gottes hat demnach sein Ziel erst dann erreicht, wenn der Mensch auf diesen Segen im Lobpreis Gottes antwortet.

Es gibt vielfältige Anlässe für Segnungen im Leben der Gemeinde und der Einzelnen. Modelle für solche Gelegenheiten bietet beispielsweise die Sammlung „Ökumenische Segensfeiern"[7].

Bei Segnungsgottesdiensten können unterschiedliche Akzente gesetzt werden. Bekannte Beispiele sind Kindersegnungen zur Einschulung, Segnungen anlässlich von Ehejubiläen, Segnung von Paaren am Valentinstag. Im Folgenden wird ein Segnungsgottesdienst vorgestellt, bei dem die Feiernden die Möglichkeit haben, sich in ihren ganz persönlichen Anliegen segnen zu lassen.

II. Hinweise zur Gestaltung

Bei der Einladung zu diesem Gottesdienst mit Einzelsegnung soll darauf hingewiesen werden, dass die Möglichkeit besteht, ein persönliches Anliegen zu artikulieren. Das Anliegen kann in Form des Lobes, des Dankes, der Klage oder der Bitte formuliert werden.

Je nach der Größe und der Zusammensetzung der Gemeinde sowie der Situation können Anliegen öffentlich – als Glaubenszeugnis vor der Gemeinde – oder nur gegenüber der segnenden Person geäußert werden. In jedem Fall ist darauf zu achten, dass die Gemeindeglieder einzeln zu den Segnenden herantreten und genügend Zeit haben, ihr Anliegen vorzutragen.

---

[7] Ökumenische Segensfeiern. Eine Handreichung, hg. von Hanns Kerner und Eberhard Amon, Paderborn/Stuttgart ³2010.

In der Regel wird die persönliche Segnung mit einer Segensgeste verbunden. Üblich sind z.B. das Ausbreiten oder Auflegen der Hände und/oder die Bezeichnung mit dem Kreuz. Auch eine Salbung kann als Segenshandlung in Frage kommen, sofern es sich nicht um die Segnung von Kranken handelt, weil es für sie in der römisch-katholischen Tradition das Sakrament der Krankensalbung gibt.

Je nach Zahl der Teilnehmenden wird der persönliche Segen an einer oder an mehreren Stellen erteilt. Dazu wird eingeladen, und die Einzelnen, die es wünschen, treten vor. Sie können auch von „Paten" begleitet werden. Sie können ihr persönliches Anliegen nennen oder mit einer vorgegebenen Formulierung um den Segen bitten. Nach dem Vorbringen des Anliegens kann ein Gebet oder ein biblisches Votum gesprochen werden, bevor unter Handauflegung der Segen zugesprochen wird. Die Segenshandlung wird in der Regel von den Geistlichen der beiden Konfessionen vorgenommen. Es können auch andere Personen beteiligt werden. Hierzu sind klare Absprachen erforderlich.

III. Verlauf

ERÖFFNUNG
Musik/Gesang
Gruß und Einführung
Christusanrufung
Gebet

VERKÜNDIGUNG
Lesung(en)
Auslegung
(Apostolisches Glaubensbekenntnis)

SEGNUNG UND FÜRBITTEN
Gesang (Lobpreis)
Einladung zur Segnung
Nennung von persönlichen Anliegen und/oder Bitte um den Segen
Segenswort und persönliche Segnung mit Handauflegung
Fürbitten
Vaterunser

ABSCHLUSS
Sendung/Segen/Entlassung
(Musik/Gesang)

IV. Texte und Gesänge

Gesang

Ausgang und Eingang (Kanon à 4 – EG 175, GL 85, KG 146, RG 345, UW 99)
Der Herr ist mein Hirte (EG.B 740) Ps 23
Der Herr ist mein Hirte (Kanon à 3 – KG 556, RG 16) Ps 23,1
Der Herr ist mein Hirte; Halleluja (Kanon à 4 – KAA 033)
Du bist mein Zufluchtsort (KAA 032)
Gott liebt diese Welt (EG 409, KG 709, GL 464, RG 279)
Komm, Heilger Geist, der Leben schafft (EG.B 563, GL 342, UW 119)
Von guten Mächten treu und still umgeben (Abel, EG 65 I, RG 550 [353])
Von guten Mächten treu und still umgeben (Fietz, EG.B 637)
Von guten Mächten treu und still umgeben (Grahl, GL 430, UW 101)
Ich lobe meinen Gott von ganzem Herzen (EG 272, GL 400, KAA 02, RG 8, UW 252) Ps 9

Gruß[8] und Einführung

L: **Im Namen Gottes, des Vaters und des Sohnes und des Heiligen Geistes.**
A: **Amen.**
L: **Der Gott allen Lebens sei mit euch.**
G: **Und mit deinem Geist.**
L: **An Gottes Segen ist alles gelegen. Wir sind hier, um seinen Segen zu empfangen. Uns allen gilt das Wort Jesu:**

EÜ:	LB:
Kommt alle zu mir, die ihr euch plagt und schwere Lasten zu tragen habt. Ich werde euch Ruhe verschaffen. *(Mt 11,28)*	Kommt her zu mir, alle, die ihr mühselig und beladen seid: ich will euch erquicken. *(Mt 11,28)*

---

[8] Siehe oben Anm. 2.

Segnungsgottesdienst **35**

Christusanrufung
L: **Wir rufen zu Christus, zu dem wir seit unserer Taufe gehören:**
L: **Jesus Christus, du bist für uns als Mensch geboren.**
K: **Herr, erbarme dich. / K: Kyrie eleison.**
A: **Herr, erbarme dich. / A: Kyrie eleison.**
L: **Du bist für uns am Kreuz gestorben.**
K: **Christus, erbarme dich. / K: Christe eleison.**
A: **Christus, erbarme dich. / A: Christe eleison.**
L: **Du bist für uns vom Tod erstanden.**
K: **Herr, erbarme dich. / K: Kyrie eleison.**
A: **Herr, erbarme dich. / A: Kyrie eleison.**

Gebet

L: **Gott, du gibst und bewahrst Leben.**
 Heute schauen wir voll Dankbarkeit auf das Gute,
 das uns geschenkt wurde,
 voll Trauer auf Verlorenes und Zerbrochenes,
 voll Freude auf Schönes und Gelungenes.
 Wir bitten dich:
 Lass du uns alles zum Segen werden
 für unser Leben und für die Ewigkeit.
 Durch Christus, unseren Herrn.
A: **Amen.**

Lesung

Die Seligpreisungen (Mt 5,3–12)
Das Gleichnis vom Unkraut und vom Weizen (Mt 13,24–30)
Das Gleichnis vom Schatz und von der Perle (Mt 13,44–46)
Gleichnis von der selbstwachsenden Saat (Mk 4,26–29)
Das Beispiel vom barmherzigen Samariter (Lk 10,25–37)
Die Gleichnisse vom verlorenen Schaf und von der verlorenen Drachme
 (Lk 15,1–10)
Das Gleichnis vom verlorenen Sohn (Lk 15,11–32)
Die Segnung der Kinder (Lk 18,15–17)
Christus, das Wort Gottes (Joh 1,1–18)
Die Bildrede vom Fruchtbringen (Joh 15,1–17)
Jesu Fürbitte für alle Glaubenden (Joh 17,20–26)
Die Gewissheit des Glaubenden (Röm 8,31–39)
Das Hohelied der Liebe (1 Kor 12,31b–13,13)

Die Macht des vertrauensvollen Gebets (Jak 5,13–16)
Die Zuversicht der Kinder Gottes (1 Joh 3,19–24)
Gottes Wohnen unter den Menschen (Offb 21,1–8)

Gesang

Bist zu uns wie ein Vater (KAA 035)
Der Herr ist mein getreuer Hirt, hält mich in seiner Hute (EG 274) Ps 23
Der Herr ist mein getreuer Hirt, nichts fehlt mir, er ist gut (KG 555, RG 15) Ps 23
Gott des Himmels und der Erden (EG 445, RG 566)
Ich glaube an den Vater (KAA 088)
Lasst uns loben, freudig loben (GL 489, KG 504, UW 136)
Nun danket alle Gott (EG 321, GL 405, KG 236, RG 233, UW 78)
Segne und behüte (KAA 0113)

Segensworte zur Einzelsegnung

L: Zu deinem weiteren Weg segne dich der gütige und barmherzige Gott, der Vater und der Sohn und der Heilige Geist. Er erhöre dein Gebet und sei mit dir.
E: Amen.

Oder:
L: Mit Gottes Segen geh behütet all deine Wege.
Der Segen Gottes, des Vaters und des Sohnes und des Heiligen Geistes komme über dich und bleibe bei dir, jetzt und allezeit.
Gehe hin im Frieden.
E: Amen.

Oder:
L: Gott bestärke dich alle Zeit, auf ihn zu vertrauen und zu hoffen. Er segne und behüte dich auf all deinen Wegen, damit du leben kannst in seinem Schutz und Frieden.
E: Amen.

Oder:
L: Der Segen des lebendigen Gottes sei mit dir und heile dich von allem, was dich betrübt und verletzt.
E: Amen.

Fürbitten

L: Im Vertrauen auf Gottes Barmherzigkeit lasst uns beten:
S: Für die Christenheit auf der ganzen Welt:
   Gott, in deiner Barmherzigkeit –
A: höre unser Gebet.
S: Für die Kirchen in unserem Land:
   Gott, in deiner Barmherzigkeit –
A: höre unser Gebet.
S: Für die Gemeinden hier vor Ort:
   Gott, in deiner Barmherzigkeit –
A: höre unser Gebet.
S: Für die Menschheit auf der Erde:
   Gott, in deiner Barmherzigkeit –
A: höre unser Gebet.
S: Für die Menschen in unserem Land:
   Gott, in deiner Barmherzigkeit –
A: höre unser Gebet.
S: Für die Menschen hier in …:
   Gott, in deiner Barmherzigkeit –
A: höre unser Gebet.
L: Gott wir loben dich für deine Treue und Liebe.
A: Amen.

Segen

L: Gott segne euch.
   Gott stärke euch in eurer Liebe zu den Menschen
   und zur Kreatur.
   Gott beschütze euch auf euren Wegen.
   So segne euch Gott, der Vater und der Sohn
   und der Heilige Geist.
A: Amen.

Oder:
L: Die Fürsorge Gottes sei um euch.
   Die Liebe Christi bestimme euren Alltag.
   Der Heilige Geist führe euch auf dem rechten Weg.
   Das gewähre euch der dreieinige Gott,
   der Vater und der Sohn und der Heilige Geist.
A: Amen.

Gesang

Bewahre uns, Gott, behüte uns, Gott (EG 171, GL 453, RG 346, UW 232)
Den Herren will ich loben (EG.B 604, GL 395, KG 760, UW 145)
Geh unter der Gnade (KAA 0116)
Gott verspricht: Ich will dich segnen (EG 348)
Komm, Herr, segne uns, dass wir uns nicht trennen (EG 170, GL 451, KG 147, RG 343, UW 199)
Unsern Ausgang segne Gott (EG 163, RG 344)
Vertraut den neuen Wegen (EG 395, RG 843, UW 269)
Wenn wir jetzt weitergehen (EG 168 [Str 4–6], KG 150, RG 347)

Anregungstexte

1.
Wir wachsen, wenn Gott uns segnet,
und wir wachsen, wenn wir Gott preisen.
Beides ist gut für uns.
Das erste ist, dass Gott uns segnet.
Und weil er uns segnet, können wir ihn preisen.

(Augustinus)

2.
Im Segnen geschieht zunächst einmal ein Eingeständnis: Wir bedürfen der Kraft und des Beistandes Gottes, um unseren Weg zu gehen, besonders an den Nahtstellen, an den Übergängen des Lebens. Auch wir dürfen – wie Jakob – zu Gott rufen: „Ich lasse dich nicht, du segnest mich denn." (1 Mose 32,27). Zugleich lassen wir uns einbinden in den Plan Gottes mit unserem Leben.

(Johannes Hanselmann)

3.
Keinen Tag soll es geben, da du sagen musst:
Niemand ist da, der mir hilft in meiner Not.
Keinen Tag soll es geben, da du sagen musst:
Niemand ist da, der mich erfüllt mit seinem Trost.
Keinen Tag soll es geben, da du sagen musst:
Niemand ist da, der mich hält an seiner Hand.
Keinen Tag soll es geben, da du sagen musst:
Niemand ist da, der mich leitet und begleitet
auf allen meinen Wegen – Tag und Nacht.
Sei gut behütet und beschützt.

(Uwe Seidel)

Lesegottesdienst

I. Vorbemerkungen

Der Gottesdienst lehnt sich an die Form einer Mette (Matutin) an, des nächtlichen bzw. frühmorgendlichen Gebets der Tagzeitenliturgie. Im Mittelpunkt dieser Hore stehen Lesungen aus der Heiligen Schrift und geistlicher Autorinnen und Autoren.

Im Unterschied zur üblichen Praxis wird in diesem Gottesdienst nicht ein einzelner Abschnitt, sondern ein ganzes Buch der Heiligen Schrift gelesen. Als Beispiel dient der Galaterbrief; ebenso kann eine andere Schrift entsprechender oder kürzerer Länge (z. B. Kleine Propheten, Psalmen, neutestamentliche Briefe) eingesetzt werden. Die zugeordneten Texte sind dann entsprechend zu gestalten. Für diese Form des Gottesdienstes gibt es weder in der katholischen noch in der evangelischen Kirche eine Tradition. Es kann jedoch sehr bereichernd sein, die Verkündigungskraft eines ganzen biblischen Textes im Gottesdienst zu erleben.

Die einzelnen Textblöcke sind durch musikalische Elemente voneinander abgesetzt. Der Lesungsteil wird von einer Eröffnung und einem Abschluss (Vaterunser, Segen) eingerahmt. Zwischen den Lesungsteilen ist ein Instrumentalzwischenspiel vorgesehen. Hier kann aber auch ein immer wiederkehrender Gesang gewählt werden, wie z. B. „Meine Hoffnung und meine Freude" (EG.B 697, RG 704, UW 103)

Der Gottesdienst eignet sich auch für die Feier im kleinen Kreis (Bibelkreis o. Ä.).

II. Hinweise zur Gestaltung

Einzug und Auszug können festlich gestaltet und eine repräsentative Bibelausgabe mitgetragen werden.

Als Eröffnung wird die Form gewählt, die in den ersten Versen des Briefes enthalten ist.

Die einzelnen Lesungen können auf mehrere Lektorinnen und Lektoren aufgeteilt werden. Es ist besonders wichtig, wegen der langen Textpassagen gute (professionelle) Sprecherinnen und Sprecher lesen zu lassen. Je nach Teilnehmerschaft kann es sinnvoll sein, neuere Bibelübertragungen zu wählen wie beispielsweise „Die Bibel in heutigem Deutsch. Die Gute Nachricht des Alten und Neuen Testaments" oder „Das Neue Testament", übertragen von Jörg Zink. Nach den einzelnen Lesungsblöcken soll eine angemessene Zeit der Stille gehalten werden.

III. Verlauf

ERÖFFNUNG
Musik/Gesang
Lesung: Gal 1,3–5 (Gruß)
Einführung

VERKÜNDIGUNG
Lesung: Gal 1,1 f.6–23 (Absender, Empfänger, Anlass des Briefes; Berufung zum Apostel)
Lesung: Gal 2,1–10 (Apostelkonzil in Jerusalem)
Musik/Gesang

Lesung: Gal 2,11–21 (Gesetz oder Glaube)
Lesung: Gal 3,1–18 (Abrahams Glaube und die Verheißung des Segens)
Musik/Gesang

Lesung: Gal 3,19–4,7 (Das Gesetz in der Heilsgeschichte)
Lesung: Gal 4,8–31 (Die Freiheit des Christen)
Musik/Gesang

Lesung: Gal 5,1–12 (Freiheit oder Knechtschaft)
Lesung: Gal 5,13–6,10 (Das Gesetz Christi)
Gesang

Zusammenfassung und Überleitung zu:
Lesung: Gal 6,11–18 (Schlusswort und Segen)
Stille

ABSCHLUSS
Vaterunser
Segen
Entlassung
Musik/Gesang

IV. Texte und Gesänge

Gesang

All Morgen ist ganz frisch und neu (EG 440, KG 670, RG 557)
Aus meines Herzens Grunde (EG 443, GL 86, KG 678, RG 564)
Die helle Sonn leucht' jetzt herfür (EG 437, RG 562)
Du rufst uns, Herr, trotz unsrer Schuld (GL 161, KG 63)
Gott des Himmels und der Erden (EG 445, RG 566)
Herr Jesu Christ, dich zu uns wend (EG 155, GL 147, RG 156)
Liebster Jesu, wir sind hier (EG 161, GL 149, KG 38, RG 159)
Lobet den Herren alle, die ihn ehren (EG 447, GL 81, KG 674, RG 570, UW 202)
O Heiland, Herr der Herrlichkeit (GL 515, KG 62)
Sende dein Licht und deine Wahrheit (Kanon à 3 – EG 172, KG 543, RG 34)
Wohl denen, die da wandeln (EG 295, GL 543, KG 551, RG 76) Ps 119
Zu dir, o Gott, erheben wir (GL 142, KG 46) Ps 25

Einführung

L: „**Gnade sei mit euch und Friede von Gott, unserem Vater, und dem Herrn Jesus Christus, der sich für unsere Sünden hingegeben hat, um uns aus der gegenwärtigen bösen Welt zu befreien, nach dem Willen unseres Gottes und Vaters. Ihm sei Ehre in alle Ewigkeit. Amen."** *(Gal 1,3–5)*
**In den Lesungen unserer Gottesdienste hören wir üblicherweise kurze Abschnitte aus den Büchern der Heiligen Schrift. Heute wird ein ganzer Brief gelesen: Der Brief des Apostels Paulus an die Galater. Oft gehörte Ausschnitte klingen im Zusammenhang anders und bekommen einen neuen Sinn, der Charakter des persönlichen Schreibens wird erkennbar.
Wir haben unseren Gottesdienst mit dem Gruß des Apostels an die Galater begonnen. Hören wir nun heute, was Paulus den Gemeinden in Galatien damals geschrieben hat.**

Gesang

Nach der Lesung
Meine Hoffnung und meine Freude (EG.B 697, GL 365, RG 704, UW 103)
Singt dem Herrn ein neues Lied! (KAA 07)

Vor der Zusammenfassung
Auf dein Wort, Herr, lass uns vertrauen (KG 86)
Aus tiefer Not schrei ich zu dir (EG 299, GL 277 Str 2, KG 384, RG 83),
　Str 3: Darum auf Gott will hoffen ich. Ps 130
Darum auf Gott will hoffen ich. Ps 130
Herr, dein Wort, die edle Gabe (EG 198)
Herr, deine Güte reicht, so weit der Himmel ist (EG 277) Ps 36
Herr, für dein Wort sei hoch gepreist (EG 196)
Nun singe Lob, du Christenheit (EG 265, GL 487)

Zusammenfassung

L:　Paulus geht es um die Wahrheit des Evangeliums, die nicht verdreht und nicht verwässert werden darf: Der Weg zum Heil ist der Weg zu Jesus Christus, dem Gekreuzigten und Auferstandenen. Dieser Weg steht jedem Menschen offen. Dieser Weg ist nicht mehr an das Gesetz gebunden. Es ist der Weg des Glaubens, der zu jener Freiheit führt, zu der uns Christus befreit hat.
　Gleichwohl hat dieser Weg Konsequenzen, die zeitlos gültig sind. Paulus fasst sie zusammen in der Liebe, in der einer des anderen Last trägt.
　Der Apostel ermutigt seine Gemeinden, sich auf diesen Weg einzulassen und an ihm festzuhalten. Dazu erbittet er für seine Gemeinde die Gnade Jesu Christi, des Herrn.

Segen[9]

L:　Der Herr segne euch und behüte euch;
　der Herr lasse sein Angesicht über euch leuchten
　und sei euch gnädig;
　er wende euch sein Antlitz zu
　und schenke euch seinen Frieden! *(Vgl. Num 6,24–26)*
　Das gewähre euch der dreieinige Gott,
　der Vater und der Sohn und der Heilige Geist.
A:　Amen.

---

[9] Siehe oben Anm. 3.

Oder:
L: **Der Friede Gottes, der alles Begreifen übersteigt, bewahre eure Herzen und eure Gedanken in der Gemeinschaft mit Christus Jesus.
Das gewähre euch der dreieinige Gott, der Vater und der Sohn und der Heilige Geist.**
A: **Amen.**

Oder:
L: **Gott bewahre euch in seiner Gnade,
Gott leite euch in der Liebe Christi,
Gott stehe euch zur Seite durch seinen Heiligen Geist.
Es segne und behüte euch der allmächtige und barmherzige Gott, Vater und Sohn und Heiliger Geist.**
A: **Amen.**

Entlassung

L: **Gehet hin in Frieden.**
A: **Dank sei Gott, dem Herrn.**

Oder:
L: **Gehet hin in der Freiheit der Kinder Gottes.**
A: **Dank sei Gott.**

Anregungstexte

1.
Der moderne Mensch überzieht alle Herrlichkeit der Bibel mit einer Schicht sachlichen Redens.

(Karl Jaspers)

2.
Dies ist ein Brief, welchen Gott mir hat schreiben lassen, wonach ich mich richten soll und wonach mein Gott mich richten wird. Höre dem Wort Gottes zu, als ob du es noch nie gehört hättest.

(Johann Albrecht Bengel)

3.
Ich bin überzeugt, dass die Bibel immer schöner wird, je mehr man sie versteht, das heißt, je mehr man einsieht und anschaut, dass jedes Wort, das wir allgemein auffassen und im Besonderen auf uns anwenden, nach gewissen Umständen, nach Zeit- und Ortsverhältnissen einen eigenen, besonderen, unmittelbar individuellen Bezug gehabt hat.

(Johann Wolfgang von Goethe)

Dank- und Lobpreisgottesdienst

I. Vorbemerkungen

In Lobpreis- und Dankgottesdiensten kommt den Elementen des Dankes und des Lobpreises besonderes Gewicht zu.

Um Gott zu danken, haben wir oft konkrete Anlässe, z. B. wenn etwas durch Gottes Hilfe und Segen eine Wendung zum Guten genommen hat oder wenn wir überzeugt sind, dass Gott uns über einen bestimmten Zeitraum hindurch behütet und bewahrt hat. Lobpreisgottesdienste sind von einem konkreten Anlass eher unabhängig.

Im ökumenischen Kontext sind vor allem Dankgottesdienste üblich, die sich auf einen konkreten gesellschaftlichen oder biographischen Anlass beziehen (wie z. B. an Nationalfeiertagen oder zu örtlichen oder familiären Jubiläen).

II. Hinweise zur Gestaltung

Soll ein ökumenischer Gottesdienst gefeiert werden, bei dem der Lobpreis Gottes im Vordergrund steht, sollte bei der Gestaltung des Eingangsteiles darauf geachtet werden, dass durch die Auswahl der Lieder und Gesänge ein Spannungsbogen entsteht, in dem die Gemeinde singend und betend z. B. von der Bitte um Gottes Zuwendung und Nähe zu Aussagen des Lobes und der Gewissheit von Gottes Gegenwart voranschreitet. Da der Lobpreis vor allem in musikalischen Formen angemessen zum Ausdruck gebracht werden kann, ist es bei der Vorbereitung solcher Gottesdienste besonders wichtig, dass Kirchenmusikerinnen und Kirchenmusiker rechtzeitig einbezogen werden.

Was das Psalmgebet betrifft, sind unterschiedliche Formen denkbar (gesprochen oder gesungen, im Wechsel zwischen Leitung und Gemeinde oder zwischen Schola/Sprecher und Gemeinde oder zwischen zwei Gruppen der Gemeinde etc.).

Das vorliegende Modell eines Dankgottesdienstes bezieht sich auf einen konkreten Anlass.

III. Verlauf

Eröffnung
Musik/Gesang
Gruß und Einführung
Christusanrufung
Gebet

Verkündigung
Lesung
Antwortgesang
Evangelium
Predigt
Glaubenszeugnis oder Credolied
(Gesang)

Abschluss
Gebet
Vaterunser
Segen
Musik/Gesang

IV. Texte und Gesänge

Gesang

Bis hierher hat mich Gott gebracht (EG 329)
Du meine Seele, singe (EG 302, RG 98) Ps 146
Feiern und loben (KAA 05)
Gott, dir sei Dank gebracht (KAA 01)
Ich lobe meinen Gott von ganzem Herzen (EG 272, GL 400, KAA 02, RG 8, UW 252) Ps 9
Lob, Anbetung, Ruhm und Ehre (KAA 04)
Lobet den Herren alle, die ihn ehren (EG 447, GL 81, KG 674, RG 570, UW 202)
Lobt froh den Herrn, ihr jugendlichen Chöre (EG 332, GL 396, KG 523)
Meinem Gott gehört die Welt (EG 408, RG 535)
Nun danket all und bringet Ehr (EG 322, GL 403, KG 518, RG 235)
Nun jauchzt dem Herren, alle Welt (EG 288, GL 144, KG 40, RG 57, UW 148) Ps 100

Dank- und Lobpreisgottesdienst 47

Nun saget Dank und lobt den Herren (EG 294, GL 385, KG 440, RG 75)
Ps 118

Gruß[10] und Einführung

L: Im Namen des Vaters und des Sohnes und des Heiligen Geistes.
A: Amen.
L: Der Friede des Herrn sei mit euch.
A: Und mit deinem Geist.
L: Wir feiern heute gemeinsam mit unserer (katholischen/ evangelischen) Schwestergemeinde einen Dankgottesdienst anlässlich …

Christusanrufung

L: Herr Jesus Christus, du hast uns das Evangelium verkündet. – Wir rühmen dich.
K/A: Kyrie eleison.
L: Du bist auferstanden von den Toten. – Wir preisen dich.
K/A: Christe eleison.
L: Du bist bei uns alle Tage bis ans Ende der Zeit. – Wir danken dir.
K/A: Kyrie eleison.

oder

L: Herr Jesus Christus, deine Auferstehung preisen wir. – Wir rühmen dich.
K/A: Kyrie eleison.
L: Deine Wunder rühmen wir. – Wir preisen dich.
K/A: Christe eleison.
L: Deinen Sieg verkünden wir. – Wir danken dir.
K/A: Kyrie eleison.

---

[10] Siehe oben Anm. 2.

Gebet

Gott, du Ursprung alles Guten,
du hast uns wunderbar geholfen /geleitet
und uns diesen Tag der Freude und des Dankes geschenkt.
Wir bitten dich:
Stärke unser Vertrauen,
dass wir dich rühmen und preisen unser Leben lang.
Du bist unser Gott, hochgelobt in Ewigkeit.

(Nach GB, S. 479)

Oder:
Unser Herr ist groß und von großer Kraft,
und unbegreiflich ist, wie er regiert.
Halleluja! Lobet den Herren!
Denn unseren Gott loben, das ist ein köstlich Ding,
ihn loben ist schön und lieblich.
    Er heilt, die zerbrochenen Herzens sind,
    und verbindet ihre Wunden.
Singt dem Herrn ein Danklied
und lobt unsern Gott mit Harfen.
    Der Herr hat Gefallen an denen, die ihn fürchten,
    die auf seine Güte hoffen.

Ehre sei dem Vater und dem Sohn
und dem Heiligen Geist
    wie im Anfang, so auch jetzt und allezeit
    und in Ewigkeit. Amen.

(Ps 147,1.3.7.11, vgl. GB, S. 478)

Oder:
Halleluja! Gut ist es, unserm Gott zu singen; /
schön ist es, ihn zu loben.
    Der Herr baut Jerusalem wieder auf, /
    er sammelt die Versprengten Israels.
Er heilt die gebrochenen Herzen /
und verbindet ihre schmerzenden Wunden.
    Er bestimmt die Zahl der Sterne /
    und ruft sie alle mit Namen.
Groß ist unser Herr und gewaltig an Kraft, /
    unermesslich ist seine Weisheit.
    Der Herr hilft den Gebeugten auf /
und erniedrigt die Frevler.

Dank- und Lobpreisgottesdienst 49

**Stimmt dem Herrn ein Danklied an, /
spielt unserm Gott auf der Harfe!**

(Ps 147,1–7, EÜ)

Lesung

Das Hohelied der Barmherzigkeit Gottes (Ps 103)
Gottes Lob im Himmel und auf Erden (Ps 148)
Seid dankbar in allen Dingen (1 Thess 5,16–24)
Seligpreisungen (Mt 5,3–12)
Jesus lehrt und heilt (Lk 6,17–19)
Jesu Jubelruf (Lk 10,17–20)

Glaubenszeugnis

L: **Wir sprechen ein Glaubenszeugnis,
  das den Lobpreis Gottes zum Ausdruck bringt.**
A: **Wir glauben an Gott,
  der die Welt geschaffen hat und in ihr wirksam ist,
  der in Jesus gekommen ist, um zu versöhnen
  und neu zu machen.
  Wir vertrauen auf Gott,
  der uns beruft, Kirche zu sein, andere zu lieben,
  Gerechtigkeit zu suchen und Bösem zu widerstehen,
  Jesus zu verkünden, den Gekreuzigten und Auferstandenen,
  unseren Richter und unseren Beistand.
  Im Leben, im Tod und im Leben nach dem Tod ist Gott mit
  uns.
  Wir sind nicht allein.
  Dank sei Gott.**

(GB, S. 539)

Oder:

Credolied

Gott ist dreifaltig einer (GL 354, KG 97)
Ich glaube an den Vater (KAA 088)
Wir glauben all an einen Gott (EG 183)
Wir glauben an den einen Gott (UW 177)
Wir glauben an Gott Vater, den Schöpfer aller Welt (RG 269)
Wir glauben Gott im höchsten Thron (EG 184, GL 355, RG 270, UW 274)

Gesang

Der Gesang entfällt, wenn vorher ein Credolied gesungen wurde.
Ich will dich lieben, meine Stärke (GL 358, KG 198)
Ich will dich lieben, meine Stärke (EG 400, RG 682)
In dir ist Freude (EG 398, KG 200, RG 652)
Nun singt ein neues Lied dem Herren (GL 551, KG 522) Ps 98
Singet dem Herrn ein neues Lied, denn er tut Wunder (EG 287, KG 538) Ps 98
Singt das Lied der Freude über Gott (EG 305) Ps 148
Singt dem Herrn ein neues Lied, niemand soll's euch wehren (GL 409, KG 533, UW 64)
Singt, singt dem Herren neue Lieder (EG 286, RG 55) Ps 98
Wo wir dich loben, wachsen neue Lieder (KAA 013)

Gebet nach der Verkündigung

Es wird ein Gebet gesprochen, dessen Bitten auf den konkreten Anlass bezogen sind, oder ein allgemeines Dankgebet, z. B.:

L: **Großer, wunderbarer Gott,**
alles Gute kommt von dir, dem Vater des Lichts;
wie eine gute Mutter leitest du uns und sorgst für uns.

Wir bitten dich:
Öffne uns für dich.
Öffne unser Herz,
damit wir deine Wunder und deine Führungen erkennen.
Öffne unseren Mund,
dass wir deine Güte und Schönheit preisen.
Öffne unsere Hände,
dass wir weitergeben, was du uns schenkst.

Nimm unsern Dank und Lobpreis an.
Segne unser ganzes Leben,
damit es zu einer Antwort auf deine unendliche Güte wird,
und berge es in deiner Hand,
jetzt und in Ewigkeit.

A: **Amen.**
(Nach: Christian Schmidt, Liturgische Entwürfe für das Kirchenjahr, Heft 4, S. 101.)

Segen[11]

L: Der Herr segne euch und behüte euch.
Der Herr lasse sein Angesicht leuchten über euch
und sei euch gnädig.
Der Herr erhebe sein Angesicht auf euch
und gebe euch Frieden. *(Vgl. Num 6,24–26)*
**So segne euch der allmächtige und barmherzige Gott,
der Vater und der Sohn und der Heilige Geist.**
A: Amen.

Gesang

Großer Gott, wir loben dich (EG 331, GL 380, KG 175, RG 247)
Kommt, atmet auf, ihr sollt leben (KAA 062)
Lobe den Herren, den mächtigen König der Ehren (EG 316, GL 392, KG 524, RG 242, UW 260)
Nun danket alle Gott (EG 321, GL 405, KG 236, RG 233, UW 78)

Anregungstexte

1.
Wenn die Seele ihren Schöpfer sieht, so wird ihr die ganze Schöpfung klein. Auch wenn sie nur wenig vom Licht des Schöpfers schaut, wird doch alles Geschaffene gering. Denn durch das Licht der inneren Schau wird der Raum der Seele weit […].

(Gregor der Große)

2.
Da wird es hell in einem Menschenleben, wo man für das Kleinste danken lernt.

(Friedrich von Bodelschwingh)

3.
Herr, der du mir schon so viele Freude ins Herz gelegt hast, lass sie meinen ganzen Leib durchströmen! Lass mein Angesicht, den Mund, die Augen, meine Hände, alle meine Glieder freudeerfüllt sein.

(Raimundus Lullus)

---

[11] Siehe oben Anm. 3.

Bußgottesdienst

I. Vorbemerkungen

Bußgottesdienste sind vor allem in der Adventszeit und in der Zeit zwischen Aschermittwoch und Ostern (Quadragesima/Österliche Bußzeit/Passionszeit) in der römisch-katholischen Kirche fest verwurzelt. In den evangelischen Kirchen hat sich die Tradition eines Bußgottesdienstes nur vereinzelt, vor allem am Buß- und Bettag, halten können. Während allerdings im römisch-katholischen Bereich die Bußgottesdienste im Regelfall schon immer Wortgottesdienste waren, haben die Kirchen der Reformation gerade am Buß- und Bettag den Gottesdienst teilweise mit der Feier des Heiligen Abendmahles verbunden; mancherorts ist diese Verbindung noch so eng, dass Gemeinden kaum darauf verzichten werden. Dies ist bei der Vereinbarung eines ökumenisch gefeierten Bußgottesdienstes zu berücksichtigen.

In Bußgottesdiensten stellt sich die Gemeinde unter das Wort Gottes und öffnet sich dem Ruf zur Umkehr. Dies entspricht in besonderer Weise dem kirchenjahreszeitlichen Charakter der Adventszeit und der Wochen vor Ostern. Von daher können gerade in dieser Zeit gemeinsam gefeierte Bußgottesdienste das ökumenische Miteinander bereichern.

II. Hinweise zur Gestaltung

Bußgottesdienste sind Gottesdienste, in denen die Besinnung auf das eigene Leben, Glauben und Tun im Vordergrund steht. Die folgende Ordnung schlägt vor, den Bußgottesdienst mit meditativen Elementen auszugestalten.

Die ausgewählten Schriftlesungen geben dem Verkündigungsteil des Bußgottesdienstes seine besondere inhaltliche Ausprägung, die sich auch auf die spezifische Gestaltung der Gewissensprüfung auswirken wird. Dabei können Darstellungen der christlichen Kunst, Gegenstände (Zeichen, Symbole) u. Ä. einbezogen werden. Auch Verweise auf die Erfahrungen im Glauben vorbildlicher Frauen und Männer können den inhaltlichen Schwerpunkt illustrieren.

Die Predigt kann von den Schrifttexten her zur Umkehr ermutigen oder auf Versöhnung zielen und so zu einer persönlichen Auseinandersetzung hinführen.

Bei der Gewissenserforschung können der Gemeinde Fragen vorgelesen oder auf einem Bildblatt bzw. einem Gemeindezettel gegeben werden. Der Fragenkatalog wird mit kurzen Worten eingeleitet. (Für den katholischen Bereich werden jährlich mehrere Modelle vom Deutschen Liturgischen Institut angeboten.)
Die Gewissensprüfung kann durch einen ausgeformten Bekenntnisakt mit Vergebungsbitte/Gnadenzuspruch oder durch eine Bitte um den Beistand des Heiligen Geistes (in Gebetform oder als Lied) abgeschlossen werden.
Was das Psalmgebet betrifft, sind unterschiedliche Formen denkbar (gesprochen oder gesungen, im Wechsel zwischen Leitung und Gemeinde oder zwischen Schola/Sprecher und Gemeinde oder zwischen zwei Gruppen der Gemeinde etc.).
Da evangelische Gemeinden vielfach mit Bußgottesdiensten nicht vertraut sind, sollte die Einladung zum Gottesdienst sorgfältig bedacht werden. Dabei ist zu berücksichtigen, dass der Begriff „Buße" zu Missverständnissen Anlass geben und eine abwehrende Haltung auslösen kann. Unter Umständen ist eine andere Bezeichnung (z. B. Versöhnungsgottesdienst oder Umkehrliturgie) schon eine Hilfe.

III. Verlauf

ERÖFFNUNG
Musik/Gesang
Gruß und Einführung
Christusanrufung
Gebet

VERKÜNDIGUNG
Lesung
Antwortgesang
Auslegung
Musik

BUSSE
(Gewissenserforschung)
Schuldbekenntnis und Versöhnungsbitte

ABSCHLUSS
Fürbitten
Vaterunser
Segen
Musik/Gesang

IV. Texte und Gesänge

Gesang

Aus tiefer Not lasst uns zu Gott (EG 144)
Aus tiefer Not schrei ich zu dir (EG 299, GL 277, KG 384, RG 83) Ps 130
Da wohnt ein Sehnen tief in uns (KAA 074, UW 234)
Herr, erhebe dich; hilf uns (KG 48)
Ich will, solang ich lebe (EG 276) Ps 34
Litanei (EG 192)
Mit lauter Stimme ruf ich zum Herrn (GL 162, KG 64) Ps 142
Nach dir, Herr, verlanget mich (EG.B 743) Ps 25
O Herr, nimm unsre Schuld (EG 235, GL 273, KG 67, RG 212)
Schweige und höre (Kanon à 3 – GL 433.2, KAA 071, KG 600, RG 166, UW 112.1)
Wende dich zu mir und sei mir gnädig (RG 763) Ps 25
Wo Menschen sich vergessen (KAA 075, UW 109)
Zu dir, o Gott, erheben wir (GL 142, KG 46) Ps 25

Gruß[12] und Einführung

L: **Im Namen des Vaters und des Sohnes und des Heiligen Geistes.**
A: **Amen.**
L: **Der Herr sei mit euch.**
A: **Und mit deinem Geist.**
L: **Das Evangelium ruft uns immer wieder zur Umkehr. So sind wir hier zu diesem Bußgottesdienst zusammengekommen, den wir mit unserer (katholischen/evangelischen) Schwestergemeinde feiern. ...**

Oder

Das Evangelium ist die Quelle der Versöhnung. So sind wir zu diesem Gottesdienst zusammengekommen, den wir mit unserer (katholischen/evangelischen) Schwestergemeinde feiern. ...

---

[12] Siehe oben Anm. 2.

Bußgottesdienst

Gebet

EÜ:
Zeige mir, Herr, deine Wege,
lehre mich deine Pfade!
  Führe mich in deiner Treue und
  lehre mich;
  denn du bist der Gott meines Hei-
  les.
  Auf dich hoffe ich allezeit.
Denk an dein Erbarmen, Herr,
und an die Taten deiner Huld;
denn sie bestehen seit Ewigkeit.
  Denk nicht an meine Jugendsünden
  und meine Frevel!
  In deiner Huld denk an mich, Herr,
  denn du bist gütig.
Gut und gerecht ist der Herr,
darum weist er die Irrenden auf den
rechten Weg.
  Die Demütigen leitet er nach seinem Recht,
  die Gebeugten lehrt er seinen Weg.
Alle Pfade des Herrn sind Huld und
Treue
denen, die seinen Bund und seine
Gebote bewahren.
  Um deines Namens willen, Herr,
  verzeih mir;
  denn meine Schuld ist groß.
(Ps 25,4–11)

LB:
Herr, zeige mir deine Wege
und lehre mich deine Steige!
  Leite mich in deiner Wahrheit und
  lehre mich!
  Denn du bist der Gott, der mir hilft;
  täglich harre ich auf dich.
Gedenke, Herr, an deine Barmherzig-
keit
und an deine Güte,
die von Ewigkeit her gewesen sind.
  Gedenke nicht der Sünden meiner
  Jugend und meiner Übertretungen,
  gedenke aber meiner nach deiner
  Barmherzigkeit, Herr, um deiner
  Güte willen!
Der Herr ist gut und gerecht;
darum weist er Sündern den Weg.
  Er leitet die Elenden recht
  und lehrt die Elenden seinen Weg.
Die Wege des Herr sind lauter Güte
und Treue
für alle, die seinen Bund und seine
Gebote halten.
  Um deines Namens willen, Herr,
  vergib mir meine Schuld, die so
  groß ist!
(Ps 25,4–11)

Oder:

EÜ:
Mit lauter Stimme schrei ich zum
Herrn,
laut flehe ich zum Herrn um Gnade.
  Ich schütte vor ihm meine Klagen
  aus,
  eröffne ihm meine Not.
Wenn auch mein Geist in mir verzagt,
du kennst meinen Pfad.
  Auf dem Weg, den ich gehe,
  legten sie mir Schlingen.
Ich blicke nach rechts und schaue aus,

LB:
Ich schreie zum Herrn meiner Stimme,
ich flehe zum Herrn meiner Stimme.
  Ich schütte meine Klage vor ihm
  aus
  und zeige an vor ihm meine Not.
Wenn mein Geist in Ängsten ist,
so nimmst du dich meiner an.
  Sie legen mir Schlingen auf dem
  Wege,
  den ich gehe.

doch niemand ist da, der mich beachtet.
  Mir ist jede Zuflucht genommen,
  niemand fragt nach meinem Leben.
Herr, ich schreie zu dir,
ich sage: Meine Zuflucht bist du,
mein Anteil im Land der Lebenden.
  Vernimm doch mein Flehen;
  denn ich bin arm und elend.
Meinen Verfolgern entreiß mich;
sie sind viel stärker als ich.
  Führe mich heraus aus dem Kerker,
  damit ich deinen Namen preise.
Die Gerechten scharen sich um mich,
weil du mir Gutes tust.
(Ps 142,2–8)
	Schau zur Rechten und sieh:
	da will niemand mich kennen.
	  Ich kann nicht entfliehen,
	  niemand nimmt sich meiner an.
	Herr, zu dir schreie ich
	und sage: Du bist meine Zuversicht,
	mein Teil im Lande der Lebendigen.
	  Höre auf meine Klage,
	  denn ich werde sehr geplagt.
	Errette mich von meinen Verfolgern,
	denn sie sind mir zu mächtig.
	  Führe mich aus dem Kerker,
	  dass ich preise deinen Namen.
	Die Gerechten werden sich zu mir sammeln,
	wenn du mir wohltust.
	(Ps 142,2–8)

Oder:

L: **Heiliger Gott.**
     Du hast deine Gemeinde zur Heiligkeit berufen.
     Du befähigst uns schon in dieser Welt
     zu einem neuen Leben.
     Vergib uns,
     wenn wir dennoch immer wieder versagen.
     Sende uns deinen Geist
     und lass uns erfahren,
     dass du die Herzen der Menschen verwandelst.
     Darum bitten wir durch Jesus Christus, unseren Herrn.
A: **Amen.**

(MB, S. 308, 10)

Lesung

Gott, sei mir Sünder gnädig (Ps 51,3–14)
Buß- und Bittgebet des Gottesvolks (Jes 63,15–19 in Auswahl)
Lernt Gutes tun (Jes 1,10–17)
Gleichnis vom Feigenbaum (Lk 13,[1–5]6–9)
Kein Ansehen der Person vor Gott (Röm 2,1–11)

Gewissenserforschung

L: Wir wollen jetzt still werden und uns Zeit nehmen, um uns auf unser Leben zu besinnen. ...
  – *Stille* –

L: Wir haben über uns und unser Leben nachgedacht. Wir haben uns gefragt, was wir aus den Möglichkeiten, die uns gegeben sind, machen.
  In einer kurzen Zeit der Stille überlegen wir, ob es einen Punkt in unserem Leben gibt, an dem wir einen neuen Anfang machen oder neue Wege suchen wollen ...
  – *Stille* –

Oder:
Allgemeine Gewissenserforschung

L: Wir wollen jetzt still werden und uns Zeit nehmen, um unser Leben im Spiegel der Gebote Gottes zu bedenken.

Es werden die 10 Gebote vorgelesen, wobei auf die Nennung jedes Gebotes eine kurze Zeit der Stille folgt.

S oder L: **Hört die Gebote Gottes:**

> **Ich bin der Herr, dein Gott.**
> **Du sollst nicht andere Götter haben neben mir.** – *Stille* –
> **Du sollst den Namen des Herrn, deines Gottes, nicht unnütz gebrauchen.**
> **Du sollst den Feiertag heiligen.**
> **Du sollst deinen Vater und deine Mutter ehren.**
> **Du sollst nicht töten.**
> **Du sollst nicht ehebrechen.**
> **Du sollst nicht stehlen.**
> **Du sollst nicht falsch Zeugnis reden wider deinen Nächsten.**
> **Du sollst nicht begehren deines Nächsten Haus.**
> **Du sollst nicht begehren deines Nächsten Weib, Knecht, Magd, Vieh noch alles, was sein ist.**
>
> *(Nach: Agende für evangelisch-lutherische Kirchen und Gemeinden. Bd. 3)*

Bitte um den Heiligen Geist
Lasst uns den Heiligen Geist für unser Leben um seinen Beistand bitten.
Komm, o Tröster, Heilger Geist (GL 349, KG 484, RG 515, UW 126)
Komm, Schöpfer Geist, kehr bei uns ein (GL 351, KG 228)
Komm, Schöpfer Geist, kehr bei uns ein (RG 499)
O Heilger Geist, kehr bei uns ein (EG 130, RG 504)
O komm, du Geist der Wahrheit (EG 136, RG 511)
Öffne meine Ohren, Heiliger Geist (KAA 0157)

Schuldbekenntnis und Versöhnungsbitte
(im Sinne einer Offenen Schuld)

L: Bekennen wir gemeinsam unsere Schuld
und bitten wir Gott um sein Erbarmen:
L: Erbarme dich, Herr, unser Gott, erbarme dich.
A: **Denn wir haben vor dir gesündigt.**
L: Erweise, Herr, uns deine Huld.
A: **Und schenke uns dein Heil.**
L: Nachlass, Vergebung und Verzeihung unserer Sünden gewähre uns der allmächtige und barmherzige Herr.
A: **Amen.**

(GL 582.5)

Oder:
A: **Allmächtiger Gott, barmherziger Vater, ich armer, elender, sündiger Mensch bekenne dir alle meine Sünde und Missetat, die ich begangen in Gedanken, Worten und Werken, womit ich dich erzürnt und deine Strafe zeitlich und ewiglich verdient habe. Sie sind mir aber alle herzlich leid und reuen mich sehr, und ich bitte dich um deiner grundlosen Barmherzigkeit und um des unschuldigen, bitteren Leidens und Sterbens deines lieben Sohnes Jesus Christus willen, du wollest mir armem sündhaftem Menschen gnädig und barmherzig sein, mir alle meine Sünden vergeben und zu meiner Besserung deines Geistes Kraft verleihen. Amen.**

(EG.B 707.2)

L: Der allmächtige Gott erbarme sich unser. Er vergebe uns unsere Sünde und führe uns zum ewigen Leben.

Bußgottesdienst

Oder:

L: **Vor dem ewigen Gott und Schöpfer erkennen und bekennen wir, dass wir gesündigt haben mit Gedanken, Worten und Werken. Aus eigener Kraft können wir uns nicht von unserem sündigen Wesen erlösen.
Darum nehmen wir Zuflucht zur Gnade Gottes, unseres himmlischen Vaters, begehren Gnade um Christi willen und sprechen: Gott, sei mir Sünder gnädig.**

A: **Der allmächtige Gott erbarme sich unser. Er vergebe uns unsere Sünde und führe uns zum ewigen Leben.**

L: **Der allmächtige Gott hat sich unser erbarmt. Er hat seinen Sohn für unsere Sünde in den Tod gegeben, und ihn von den Toten auferweckt. Er hat allen, die an seinen Namen glauben, Macht gegeben, Gottes Kinder zu werden, und ihnen seinen Heiligen Geist verliehen.
Wer glaubt und getauft wird, der wird selig werden.
Das verleihe Gott uns allen.**

Gesang

All eure Sorgen (EG.B 631)
Aus der Tiefe rufe ich zu dir (EG.B 629, GL 283, RG 85) Ps 130
Aus tiefer Not schrei ich zu dir (EG 299.5, GL 277.4, KG 384.5, RG 83.5)
   Str 5: Ob bei uns ist der Sünden viel. Ps 130
Gott, ich fühl mich müd und leer (RG 86) Ps 130
Ich glaube fest, dass alles anders wird (KAA 079)
Ich lobe meinen Gott von ganzem Herzen (EG 272, GL 400, KAA 02, RG 8, UW 252) Ps 9
Ich suchte den Herrn (GL 651,3–4) Ps 34
Ich will, solang ich lebe (EG 276) Str 5: Ehr sei im Himmel droben. Ps 34
In dich hab ich gehoffet, Herr (EG 275, RG 23) Ps 31
Lob sei dem Herrn, Ruhm seinem Namen (KG 139) Ps 34
Wie ein Fest nach langer Trauer (KAA 052)

Segen[13]

L: Gott, der barmherzige Vater, schenke euch seine Gnade.
Unser Herr Jesus Christus, bleibe euch nahe
und stärke euch alle Tage eures Lebens.
Der Heilige Geist wohne in euren Herzen
und erneuere in euch seine Liebe.
Es segne euch der treue und liebende Gott,
der Vater und der Sohn und der Heilige Geist.
A: **Amen.**
(L: **Gestärkt durch sein Wort und seinen Segen
gehet hin in Frieden.**
A: **Dank sei Gott, dem Herrn.**)

(Ökumenische Segensfeiern, S. 24, Nr. 15)

Gesang

Großer Gott, wir loben dich (EG 331, GL 380, KG 175, RG 247) ab Str 6
Herr, gib mir Mut zum Brückenbauen (RG 829, UW 48)
Wo ein Mensch Vertrauen gibt (EG.B 648)

Anregungstexte

1.
Die neuzeitliche Auffassung hat die Kultur für etwas ‚Natürliches' gehalten. […] Der Gang der Geschichte hat aber diese Meinung als Irrtum erwiesen. Der Menschengeist ist frei, Gutes wie Böses zu tun, zu bauen wie zu zerstören. Und dieses Negative ist kein im Gesamtprozess notwendiges Gegensatz-Element, sondern negativ im sauberen Sinn des Wortes: es wird getan, obwohl es nicht getan zu werden brauchte, obwohl anderes, Richtiges, getan werden könnte. Ebendies ist aber geschehen, im Wesentlichsten und auf der breitesten Linie. Die Dinge sind einen falschen Weg gegangen, die Zustände zeigen es. Unsere Zeit fühlt das, und ist im Tiefsten beunruhigt. Darin liegt aber auch ihre große Chance: den Optimismus der Neuzeit durchbrechen und die Wahrheit sehen zu können.

(Romano Guardini)

---

[13] Siehe oben Anm. 3.

2.
Da unser Herr und Meister Jesus Christus spricht: „Tut Buße", hat er gewollt, dass das ganze Leben der Gläubigen Buße sei.

(Martin Luther)

3.
Es ist so schwer zuzugeben, dass man etwas falsch gemacht habe. Ein Kind hat es da leichter. Mit fortschreitenden Jahren lernen wir es, vorsichtig zu sein: vor niemand etwas zu bekennen. Wir lernen es, vor anderen nicht zuzugeben und Ausreden zu erfinden.
Du streifst die Maske des Ernstes, der Gleichgültigkeit oder des Spaßes über. Du legst eine Maske vor den Menschen an. Du legst sie an vor dir selbst und nimmst sie nicht ab. Du trägst sie ohne Pause. Zieh daraus nicht den Schluss, du dürftest überhaupt keine Maske tragen, du müsstest sie vor jedem abnehmen. Nein! Aber du musst wissen, dass es eine Maske ist. Du musst Menschen haben, vor denen du sie lüftest. Du musst Gott haben, vor dem du sie ablegst.

(Mieczyslaw Malinski)

4.
Die Freude ist das Kennzeichen der Gegenwart Jesu. Es ist die Freude der zukünftigen Welt Gottes; die Freude, dass nun alles, was zwischen Gott und dem Sünder stand, weggenommen wurde.

(Julius Schniewind)

Katastrophengottesdienst

I. Vorbemerkungen

Ein immer häufiger auftretender Anlass für einen ökumenischen Gottesdienst sind Katastrophen, bei denen Menschenleben zu beklagen sind. Die Vorbereitung solcher Feiern muss oft unter großem Zeitdruck geschehen. Dabei ist es gerade hier besonders wichtig, auf Qualität zu achten, weil solche Gottesdienste auch eine große Öffentlichkeit erreichen. Außerdem ist mit dem Interesse der Medien zu rechnen. Ihre Rolle ist daher mit zu bedenken. Nach Möglichkeit sollten die zuständigen kirchlichen Medienbeauftragten einbezogen werden. Sie können im Vorfeld beratend mitwirken, um bei den Verhandlungen mit der Medienseite die notwendigen Entscheidungen zu treffen. Sie können gegenüber den Medien als Ansprechpartner dienen und den Liturgieverantwortlichen helfen, einen mediengerechten Ablauf des Gottesdienstes zu erarbeiten. Sie verfügen über die notwendige Erfahrung in medienspezifischen Fragen; sie sorgen etwa dafür, dass Werbeeinblendungen in eine Gottesdienstübertragung unterbleiben und dass die Frage von Übertragungsrechten unter den Medien geklärt werden.

Für einen solchen Gottesdienst wird hier kein allgemein verwendbares Modell angeboten[14]. Im Folgenden werden Hinweise für die Vorbereitung und Gestaltung solcher Gottesdienste gegeben.

II. Hinweise für die Gestaltung

Charakter des Gottesdienstes

Gottesdienste aus Anlass außergewöhnlicher Ereignisse stellen die für die Vorbereitung und Gestaltung Verantwortlichen vor besondere Herausforderungen. Viele Menschen, die von solchen Situationen betroffen sind, sind mit Gottesdiensten wenig vertraut. Das gilt sowohl für Anwesende in der Kirche wie auch für Zuhörende und Zuschauende an Radio oder Fernsehen. Deshalb

---

[14] Vorschläge für einzelne Elemente sind bei den Bitt- und Klageandachten (S. 129 ff.) zu finden.

muss Wert gelegt werden auf eine klare, einsichtige und durchschaubare Gestaltung und eine allgemein verständliche Sprache. Besondere Bedeutung kommt den musikalischen Elementen zu, weil Gesang und Musik den Umgang mit einer emotional angespannten Situation erleichtern.

Verantwortlichkeiten: konfessionelle, ökumenische oder multireligiöse Feier

Die Verantwortung für den Gottesdienst ist zu klären. Entscheidend dafür sind die konfessionellen Bindungen der Betroffenen und der Ort, an dem der Gottesdienst stattfinden soll. Deshalb muss rasch entschieden werden, welcher Kirchenraum bzw. welcher andere Ort sich für den Gottesdienst eignet. Sind auch Angehörige anderer Religionen oder Weltanschauungen betroffen, ist zu klären, wie diese einbezogen werden können. Gut bedacht werden sollte auch, inwieweit politische Interessen Berücksichtigung finden können bzw. wo Grenzen gesetzt werden müssen.

Spezifische Gestaltungsfragen

Bei ökumenischen Gottesdiensten gerade in solchen Situationen werden oft eine Vielzahl von Sprechenden aufgeboten, damit alle beteiligten Kirchen im Ablauf der Liturgie ihren Platz finden. Dazu können noch Personen kommen, die von den Angehörigen zu Beiträgen gebeten werden oder die aufgrund ihres Amtes oder ihrer Funktion Berücksichtigung finden sollten. Diese (oft unvermeidliche) Ansammlung von Sprechenden kann auf Kosten der inneren Dramaturgie und Stimmigkeit der Feier gehen. Daher ist die Anzahl der Mitwirkenden zugunsten der inhaltlichen und formalen Qualität vernünftig zu beschränken. Erhöhte Qualitätsanforderungen gelten für die Mitwirkung von Musikern oder anderen Künstlern.

Hilfreich ist es auf jeden Fall, wenn die liturgische Leitung der Feier klar erkennbar ist. Die Liturgieverantwortlichen und Medienbeauftragten müssen trotz erschwerter Bedingungen (kurze Vorbereitungszeit, eventuell Mitwirkende ohne Gottesdiensterfahrung) mit dem nötigen Taktgefühl, aber auch mit Bestimmtheit auf einen würdigen, genuinen Gottesdienst hinarbeiten.

Der Aufbau eines solchen Gottesdienstes wird sich in der Regel nach dem Schema einer Wort-Gottes-Feier bzw. eines Predigtgottesdienstes richten. Dabei kommt non-verbalen Elementen besondere Bedeutung zu. Symbolhandlungen könnten z. B. sein: das Entzünden einer Kerze oder das Niederlegen einer Blume für jedes Opfer der Katastrophe, verbunden mit einem Gebet, Wunsch oder Nachruf; das Verbrennen von Weihrauch bei jeder ausgesprochenen Bitte; die Gestaltung eines Weges / einer Prozession zum Ort des Unglücks; das Aufrichten eines Kreuzes an der Unglücksstelle; das Anschlagen einer Glocke beim Verlesen der Namen der Opfer.

Organisations- und Rechtsfragen bei medialen Übertragungen

Es muss geklärt werden, ob die direkt Betroffenen mit der medialen Übertragung einverstanden sind. (Müssen sie besonders betreut werden? Bei Trauergottesdiensten muss die Diskretion der Fernsehaufnahmen gewährleistet sein. Gegen Übergriffe zudringlicher Medienleute ist Vorsorge zu treffen.)

Die Erlaubnis (bzw. das Verbot) der medialen Übertragung eines Gottesdienstes wird von den für die Liturgie Verantwortlichen in Abstimmung mit dem Hausherrn des Gottesdienstraumes/-ortes erteilt. In der römisch-katholischen Kirche ist der Letztzuständige für die Erlaubnis der medialen Übertragung eines Gottesdienstes der jeweilige Ortsbischof. In der evangelischen Kirche können sich Rücksprachen auf Dekanatsebene nahelegen. An die Erlaubnis zur medialen Übertragung bzw. zu elektronischen Aufzeichnungen eines Gottesdienstes können von Seiten der Kirchen auch formale oder einschränkende Bedingungen geknüpft werden.

Die redaktionelle Verantwortung für die Sendung liegt bei den Medien. Sie entscheiden letztlich, ob und wie etwas gesendet wird. Aus programmlichen oder journalistischen Gründen werden unter Umständen von Seiten des Senders Wünsche vorgebracht. Solche Gestaltungswünsche oder Eingriffe in die Liturgie können sich auf die gottesdienstliche Feier positiv auswirken, sie können aber auch einen unangebrachten Störfaktor darstellen. Es ist daher wichtig, dass die Liturgieverantwortlichen ihre eigenen Vorstellungen verdeutlichen, um so eine für beide Seiten optimale Lösung zu finden[15].

---

[15] Vgl. die Hinweise in „Gottesdienst-Übertragungen in Hörfunk und Fernsehen. Leitlinien und Empfehlungen. Arbeitshilfen 169, Bonn 2003, besonders Abschnitt 4.17 Gottesdienste anlässlich von „Großereignissen".

Weitere Medien und Ordnungsdienst

Meistens wünschen weitere Medienschaffende beim Gottesdienst anwesend zu sein, um über den Anlass zu berichten. Ihnen sind ggf. eigene Plätze zuzuweisen. Mit Fotografen müssen im Voraus klare Absprachen getroffen werden, von wo aus sie fotografieren können und wo sie sich während der Feier bewegen dürfen. Blitzlichtaufnahmen stören den Gottesdienst und sind daher zu untersagen. Fotografen, mit denen dies nicht verbindlich geregelt wurde, sollten nicht zugelassen werden. Der Zugang zur Kirche kann mit Hilfe von Ordnungsdiensten organisiert werden. Zu überlegen ist, ob nach der Feier ein Pressetermin anberaumt werden muss.

Checkliste zu Katastrophengottesdiensten

Vorfragen
- Wurde abgeklärt (bei den Betroffenen), welche Konfessionen (Religionen) zu berücksichtigen sind? (Ökumenischer Gottesdienst oder multireligiöse Feier?)
- Wo soll der Gottesdienst stattfinden? (Absprachen und Kontakte mit den Vertretern der andern Konfessionen.)
- Wer ist hauptverantwortlich für die Liturgie?
- Wer muss einbezogen werden: z. B. vom Ereignis betroffene Seelsorger, weitere Religionsvertreter, Vertreter des (vom Unglück) betroffenen Unternehmens?
- Sind die zuständigen kommunalen Behörden informiert?
- Sind Vertreter aus Politik und Gesellschaft anwesend, die in die Feier eingebunden werden müssen?

Medien
- Welches sind die Ansprechpartner beim Radio oder beim Fernsehen?
- Wer stellt den Kontakt zum kirchlichen Radio- und Fernsehbeauftragten her?
- Welche Bedingungen gelten für die übertragenden Medien, für weitere anwesende Journalisten?
- Wer betreut die Journalisten (Fotografen) vor und während des Gottesdienstes? Wurden mit ihnen notwendige Absprachen getroffen?
- Welche Texte (z. B. Predigten) werden den Medien als Manuskripte zur Verfügung gestellt?
- Ist eine Pressekonferenz geplant?

Organisatorisches
- Ist für die Betreuung der Betroffenen in der Kirche gesorgt?
- Für Notfälle: Ist die Anwesenheit von Rettungsdiensten oder Ärzten organisiert?
- Wer übernimmt den Ordnungsdienst in der Kirche?
- Ist für den Ordnungsdienst um die Kirche gesorgt (Verkehrsregelung, Parkplätze)?

Gottesdienstgestaltung
- Bis wann müssen die definitiven Texte vorliegen?
- Bis wann stehen die musikalischen Teile fest; die Mitwirkenden? die Auswahl der Stücke?
- Was muss für Zeichenhandlungen vorbereitet werden?
- Sind die übrigen Mitwirkenden (Lektoren/Lektorinnen, Ministranten/Ministrantinnen) angefragt?
- Wann müssen die Abläufe (Drehbuch) vorliegen?
- Wann sind die Proben? – Ohne Medien? – Mit Medien?
- Sind die Texte und Riten verständlich – auch für kirchenferne Menschen?
- Welches Kirchenbild vermitteln die mitwirkenden Personen und die Gestaltung des Gottesdienstes bei einer breiten Öffentlichkeit?

Gedenkgottesdienste

Bestimmte Gedenktage eignen sich für ökumenische Gottesdienste, insbesondere dann, wenn der Anlass des Gedenkens die katholischen und evangelischen Gemeinden in gleicher oder ähnlicher Weise betrifft (z. B. Gedenken an nationale oder kirchengeschichtlich bedeutsame Ereignisse). Im Folgenden werden drei Beispiele solcher ökumenischer Gedenkgottesdienste vorgelegt, zum Gedenken an die Opfer des Nationalsozialismus (27. Januar), zum Reformationstag (31. Oktober) und zu einem Totengedenken.

27. Januar – Gedenktag der Opfer des Nationalsozialismus

I. Vorbemerkungen

Seit dem Jahr 1996 wird der 27. Januar in der Bundesrepublik Deutschland als Gedenktag für die Opfer des Nationalsozialismus begangen. Am 27. Januar 1945 wurde das Konzentrationslager Auschwitz befreit.

Christliche Liturgie ist von ihrem Wesen her Anamnese, Erinnerung, insbesondere an das Leiden, den Tod und die Auferstehung Jesu Christi. Sie kann deshalb an der Leidensgeschichte der Verfolgten, Geschundenen und Ermordeten der NS-Zeit nicht vorbeisehen. Von der Mitte der eigenen Liturgie her können christliche Gemeinden deshalb den 27. Januar als einen Tag der Erinnerung gestalten.

Da keine eigenen konfessionellen Gestaltungstraditionen vorliegen, besteht hier die Chance, regelmäßig einen ökumenischen Gottesdienst zu feiern.

II. Hinweise für die Gestaltung

Zu ökumenischen Gedenkgottesdiensten, bei denen man mit einem allgemein gesellschaftlichen Interesse rechnen kann, sollte auch über den Rahmen der üblichen Gottesdienstgemeinde hinaus eingeladen werden (z. B. durch Plakate, Hinweise in der Presse).

Im Gottesdienst selbst kann auch ein historisches Zeugnis einen besonderen Raum einnehmen.

III. Verlauf

ERÖFFNUNG
Musik/Gesang
Gruß und Einführung
(Schuldbekenntnis)
Gesang
Gebet

VERKÜNDIGUNG
Lesung
Antwortgesang
Evangelium
Auslegung
Glaubensbekenntnis
(Gesang)

ABSCHLUSS
Fürbitten
Vaterunser
Sendung/Segen/Entlassung
Musik/Gesang

IV. Texte und Gesänge

Einführung

„Das Geheimnis der Erlösung heißt Erinnerung. Vergessen verlängert das Exil." Diese bekannte jüdische Weisheit, die unter anderem die zentrale Holocaustgedenkstätte Yad Vashem in Jerusalem überschreibt, bezeichnet auch treffend unser Handeln, wann immer wir uns zum Gottesdienst zusammenfinden. Im Namen des Juden Jesus geeint, ist uns die Erinnerung an die Großtaten Gottes ebenso aufgetragen wie die an das Schicksal des Menschengeschlechtes, welche beide nach unserem Glauben in Jesus Christus unüberbietbar zusammenfallen. Größe und Niedertracht begegnen uns, wenn das Zeichen des Kreuzes uns unter das Wort

Gottes stellt und uns beten lehrt. So sind wir auch zur Erinnerung an die Grausamkeiten des Holocaust aufgerufen.

Gebet

**Heiliger, unfassbarer Gott,
in deinem Namen sind wir zusammengerufen,
um uns der Schreckenstaten zu erinnern,
die in unserem Land geschehen sind.
Du allein ermisst den Abgrund des Bösen,
du allein sammelst die Tränen der Opfer,
du allein richtest die Täter.
Wir bitten dich um Wachsamkeit und Liebe,
damit wir nicht vergessen,
sondern im Geheimnis des Glaubens begehen,
dass uns in jedem geschundenen Menschenantlitz
dein Sohn begegnet, Jesus Christus,
der in der Einheit des Heiligen Geistes mit dir lebt,
Gott von Ewigkeit zu Ewigkeit.
Amen.**

Lesung

Klage über die Macht des Bösen (Ps 12)
Die Klage eines Kranken und Einsamen (Ps 88)
Denkt an die Gefangenen (Hebr 13,1–3)
Weh denen, die ungerechte Gesetze machen (Jes 10,1–4)
Gebet in großer Verlassenheit und Todesnähe (Ps 88)

Antwortgesang

Auf dein Wort, Herr, lass uns vertrauen (KG 86)
Dein Erbarmen, o Herr, will ich in Ewigkeit preisen (GL 657.3 KG 612)
Der Herr ist nahe allen, die ihn rufen (GL 76.1)
Erleuchte und bewege uns (KAA 070)
Herr, erbarme dich (EG 178.10, GL 181.1, RG 200)
Ich steh vor dir mit leeren Händen, Herr (EG 382, GL 422, KG 544, RG 213, UW 104)
Schweige und höre (Kanon à 3 – GL 433.2, KAA 071, KG 600, RG 166, UW 112.1)
Zu dir rufe ich, Herr, mein Fels (KG 612.1) Ps 28

Evangelium
Weh der Welt der Verführungen wegen (Mt 18,7)
Die Kreuzigung Jesu (Mk 15,20–34)
Vom Baum und seinen Früchten (Lk 6,43–44)

Fürbitten

L: Schwestern und Brüder, der Gott Abrahams, Isaaks und Jakobs, der Vater Jesu Christi hat sich als der geoffenbart, der den Leidenden nahe ist und sich der Opfer erinnert, damit heil wird, was unheil ist. Zu ihm lasst uns beten:

S1: Ungezählt sind die Toten, die der Wahn des Nationalsozialismus gefordert hat, unvorstellbar sind die Grausamkeiten, die Menschen durch Menschen angetan wurden.

S2: Wir bitten dich für die Opfer, gleich welchen Bekenntnisses, welcher politischen Überzeugung, welcher gesellschaftlichen Gruppe, welcher nationalen Herkunft.
– *Stille* – **Herr, erbarme dich.** *(EG 178.10, GL 181.1)*

S1: Das Grauen des Nazi-Terrors ist für viele längst Geschichte, aber manche Opfer leben noch unter uns.

S2: Wir bitten dich um Rettung und Trost für die Leidenden, wir flehen um deine Gerechtigkeit, die allein das Unheil der Geschichte überwinden kann.
– *Stille* – **Herr, erbarme dich.** *(EG 178.10, GL 181.1)*

S1: Oft stehen wir in der Versuchung, die Vergangenheit vergessen zu wollen, die wir ohnehin nicht fassen können. Manchmal verdrängen wir das Gestern, um allein im Heute zu leben.

S2: Wir bitten dich, der Kirche den Mut zur Erinnerung zu bewahren, damit aus der Geschichte Widerstand erwächst gegen alle Menschennot der Gegenwart.
– *Stille* – **Herr, erbarme dich.** *(EG 178.10, GL 181.1)*

S1: Terror, Verfolgung, Mord sind auch heute noch für viele Menschen grausamer Alltag. ‚Menschenwürde' ist für viele ein Fremdwort.

S2: Wir bitten dich um deinen Schalom, um Frieden und Gerechtigkeit in Fülle für alle Menschen, wir rufen dich an, dass dein Reich kommen möge.
– *Stille* – **Herr, erbarme dich.** *(EG 178.10, GL 181.1)*

L: Gott, in aller Not und Bedrängnis stehst du deinem Volk bei. Deinen Sohn Jesus Christus hast du nicht am Kreuz gelassen, sondern aus Leiden und Tod erhöht in Herrlichkeit. Auf dich hoffen wir, dich loben und preisen wir, heute und alle Tage bis in Ewigkeit.

Gesang

Freunde, dass der Mandelzweig (EG.B 659, UW 28)
Hevenu schalom alejchem (EG 433, RG 168, UW 114)
Holz auf Jesu Schulter (EG 97, GL 291, KG 393, RG 451, UW 94)
Schalom chaverim, schalom (EG 434, RG 335, UW 111)
Von guten Mächten treu und still umgeben (Abel, EG 65 I, RG 550 [353])
Von guten Mächten treu und still umgeben (Fietz, EG.B 637)
Von guten Mächten treu und still umgeben (Grahl, GL 430, UW 101)

Segen

L: Gott, der in Freud und Leid bei uns ist, sei uns gnädig.
Er halte seine Hand schützend über uns auf all unsern Wegen.
Es segne und behüte euch der allmächtige
und barmherzige Gott,
der Vater und der Sohn und der Heilige Geist.

Anregungstexte

1.
Noch werden die Konzentrationslager vergrößert,
neue Foltern erfunden
und neue Untersuchungsmethoden.
Nachts schlafen sie nicht, sondern schmieden Pläne,
wie man uns noch mehr zertreten,
noch vollkommener ausbeuten kann.
Aber der Herr spottet ihrer,
weil er weiß, wie bald sie ihre Macht verlieren werden.
Ihre eigenen Waffen werden sich gegen sie richten.
Ihre politischen Systeme werden vom Erdboden verschwinden
und ihre politischen Parteien nicht mehr existieren –
wertlos sind dann die Pläne ihrer Techniker.

(Ernesto Cardenal)

2.

Wir erkennen nun, dass viele, viele Jahrhunderte der Blindheit unsere Augen bedeckt haben, so dass wir die Schönheit deines auserwählten Volkes nicht mehr sehen und in seinem Gesicht nicht mehr die Züge unseres erstgeborenen Bruders wiedererkennen. Wir erkennen, dass das Kainszeichen auf unserer Stirn steht. Jahrhundertelang hat Abel darniedergelegen in Blut und Tränen, weil wir deine Liebe vergaßen. Vergib uns die Verfluchung, die wir zu Unrecht aussprachen über den Namen der Juden. Vergib uns, dass wir dich in ihrem Fleische zum zweiten Mal kreuzigten. Denn wir wussten nicht, was wir taten.

(Johannes XXIII.)

Gedenktag der Reformation

I. Vorbemerkungen

Der Gedenktag der Reformation ist ein genuin evangelischer Feiertag, der für beide Konfessionen mit der schmerzlichen Erinnerung an die Trennung der Christenheit verbunden ist. Die Teilnahme römisch-katholischer Christen an einem Gottesdienst zum Gedenktag der Reformation ist ein nicht zu unterschätzendes Zeichen gelebter Ökumene, die vor dem Hintergrund der Unterzeichnung der Gemeinsamen Erklärung am 31. Oktober 1999 die wachsende Nähe der Konfessionen in zentralen Fragen des Glaubens dokumentiert.
Wird der Gedenktag der Reformation mit einem gemeinsamen Gottesdienst gefeiert, kommt die im Evangelium begründete Bitte um Einheit zwischen den christlichen Konfessionen in unserem Land und in der Welt stärker ins Bewusstsein.

II. Hinweise zur Gestaltung

Prägende Elemente für einen solchen ökumenisch begangenen Wortgottesdienst am Gedenktag der Reformation sollten ein einleitendes Schuldbekenntnis, die Bitte um die Einheit der Christen in unserem Land und weltweit und ein Element des Taufgedächtnisses sein. Tauferinnerung und Schuldbekenntnis können auch miteinander verbunden werden.

Im Eingangsteil sind zwei alternative Möglichkeiten aufgezeigt. In der Kurzform folgen Gesang, Gebet und Lesung unmittelbar aufeinander. Der Gottesdienst kann aber auch mit einem Schuldbekenntnis und Gnadenzuspruch eröffnet werden, das durch eine knappe Bitte abgeschlossen wird.

III. Verlauf

ERÖFFNUNG
Musik/Gesang
Gruß und Einführung
Gesang
(Schuldbekenntnis mit Tauferinnerung)
Gebet

VERKÜNDIGUNG
Lesung
Predigt
Glaubensbekenntnis
Gesang

ABSCHLUSS
Fürbitten
Vaterunser
Gesang
Segen
Musik/Gesang

IV. Texte und Gesänge

Gruß[16] und Einführung

L: **Im Namen des Vaters und des Sohnes und des Heiligen Geistes.**
A: **Amen.**
L: **Der Herr sei mit euch.**
A: **Und mit deinem Geist.**

---

[16] Siehe oben Anm. 2.

L: **Wir feiern heute gemeinsam mit unserer katholischen Schwestergemeinde einen Gottesdienst am Gedenktag der Reformation.** ...

Gesang

Du hast uns, Herr, gerufen (EG 168, KG 45, RG 167)
Eingeladen zum Fest des Glaubens (KAA 063, UW 231)
Gott ist gegenwärtig (EG 165, GL 387, RG 162)
Herr, du bist mein Leben (KAA 050)
Herr, gib uns Mut zum Hören (GL 448, KG 567, RG 258, UW 55)
Herr Jesu Christ, dich zu uns wend (EG 155, GL 147, KG 199, RG 156)
In Christus gilt nicht Ost noch West (EG.B 658, RG 804)
Liebster Jesu, wir sind hier (EG 161, GL 149, KG 38, RG 159)
Sende dein Licht und deine Wahrheit (Kanon à 3 – EG 172, KG 543, RG 34)

Gebet

L: **Gnädiger und guter Gott,**
  gib uns Eifer, dich zu suchen,
  Geduld, auf dich zu warten,
  Weisheit, dich zu erkennen;
  gib uns ein Herz, über dich nachzusinnen,
  Augen, dich zu schauen,
  und ein Leben, dich zu bezeugen
  in der Kraft des Geistes, den Jesus Christus uns schenkt.
  Du bist unser Gott, hochgelobt in Ewigkeit.
A: Amen

(GB, S. 537)

Oder:

L: Gott, du hast die vielen Völker
  im Bekenntnis deines Namens vereint.
  Mach uns bereit und fähig, deinen Willen zu tun,
  damit das Volk, das zu deinem Reich berufen ist,
  eins wird im Glauben und in tätiger Liebe.
  Darum bitten wir durch Jesus Christus, unseren Herrn.
A: Amen.

(MB, S. 1066)

Gedenkgottesdienste – Gedenktag der Reformation

Oder:
L: Herr Jesus Christus, du hast gesagt:
**Wo zwei oder drei versammelt sind in meinem Namen,
da bin ich mitten unter ihnen.**
Wir danken dir für deine Zusage und bitten dich:
Erfülle sie jetzt an uns. Lass uns erfahren, dass du bei uns bist –
als unser Bruder, der uns begleitet,
als unser Erlöser, der uns befreit,
als unser Herr, dem wir gehören.
In deinem Wort sei nun in unserer Mitte
mit deiner Liebe und Güte, mit deinem Trost und deiner Kraft.
Rede Herr.
Lass uns stille sein und hören, was du uns zu sagen hast.
Du bist uns Helfer jetzt und alle Zeit.
A: Amen.

(Nach GB, S. 537)

Schuldbekenntnis mit Tauferinnerung/Gebet

L: Wir sind hier versammelt, um miteinander Gottes Wort zu hören und ihn im Gebet und Loblied anzurufen.
Wir gedenken unserer Taufe, die uns verbindet. Durch die Taufe sind wir von Sünde und Tod errettet und der Gemeinschaft des neuen Lebens Christi teilhaftig geworden.
Weil wir aber gesündigt haben mit Gedanken, Worten und Werken, nehmen wir Zuflucht zu der Gnade, die wir in der Taufe empfangen haben, und sprechen:
A: Der allmächtige Gott erbarme sich unser. Er vergebe uns unsere Sünde und führe uns zum ewigen Leben.
L: Der Herr erbarme sich unser. Er nehme von uns Sünde und Schuld, damit wir mit reinem Herzen diese Feier begehen.

Oder:
Gott war in Christus und versöhnte die Welt mit sich selber und rechnete ihre Sünden nicht zu und hat unter uns aufgerichtet das Wort von der Versöhnung.

(Nach GB, S. 494.503)

L: Allmächtiger Gott,
du führst zusammen, was getrennt ist,
und bewahrst in der Einheit, was du verbunden hast.
Schau voll Erbarmen auf alle,
die durch die eine Taufe geheiligt sind und Christus angehören.
Mache sie eins durch das Band des unversehrten Glaubens
und der geschwisterlichen Liebe.
Darum bitten wir durch Jesus Christus, unseren Herrn.
A: Amen.

(Nach MB, S. 1063)

Oder:
L: Du kannst getrennte Kirchen zusammenführen, Gott.
Erfülle Frauen, Männer und Kinder
mit dem Geist der Geschwisterlichkeit.
Lass uns entschlossene Schritte
auf dem Weg zur Gemeinschaft der Kirchen gehen.
Darum bitten wir dich in Jesu Namen.
A: Amen.

(GB, S. 457)

Oder:
L: Herr Jesus Christus,
du hast deine Kirche auf Erden gegründet
und erhältst sie durch dein lebendiges Wort:
Zerbrich die Mauern, die uns trennen,
und schenke deinen Gläubigen die Einheit an deinem Tisch.
Der du mit dem Vater und dem Heiligen Geist lebst
und regierst
von Ewigkeit zu Ewigkeit.
A: Amen.

(GB, S. 457)

Lesung

Wen man fürchten muss (Mt 10,26b–33)
Auf dass sie vollkommen eins seien (Joh 17,1a.11b–23)
Mahnung zur Einheit (1 Kor 1,10–18)
Lasst euch eure Freiheit nicht nehmen (Gal 5,1–6)
Einigkeit im Geist (Eph 4,2b–7.11–16)

Gedenkgottesdienste – Gedenktag der Reformation

Credolied

Gott ist dreifaltig einer (GL 354, KG 97)
Ich glaube an den Vater (KAA 088)
Wir glauben all an einen Gott (EG 183)
Wir glauben an den einen Gott (Innsbruck/Quack, UW 177)
Wir glauben an den einen Gott (Wilson, GL 180,2)
Wir glauben an Gott Vater, den Schöpfer aller Welt (RG 269)
Wir glauben Gott im höchsten Thron (EG 184, GL 355, RG 270, UW 274)

Gesang (falls kein Credolied)

Ich lobe meinen Gott von ganzem Herzen (EG 272, GL 400, KAA 02, RG 8, UW 252) Ps 9
Kommt, atmet auf, ihr sollt leben (KAA 062)
Nun singe Lob, du Christenheit (EG 265, GL 487)
Sonne der Gerechtigkeit (Böhmen/Nürnberg, EG 262, GL 481, UW 133)
Sonne der Gerechtigkeit (Böhmen/Weiße, KG 509, RG 795)

Fürbitten

L: **In Jesus Christus sind wir zur Einheit berufen. Zu ihm, unserem einzigen Herrn und Lehrer rufen wir:**
S: **Wir danken für die Schritte der Annäherung zwischen den Kirchen, die uns auch heute zu einem gemeinsamen Gottesdienst zusammengeführt haben.
Wir bitten um den anhaltenden langen Atem, um weiter aufeinander zuzugehen.**
– *Stille* – **Christus, einziger Herr und Lehrer.**
A: **Wir bitten dich, erhöre uns.**
S: **Durch die Taufe sind wir Söhne und Töchter Gottes und untereinander Schwestern und Brüder. Wir danken für die vielfältigen Geistesgaben, die Schwestern und Brüder in die kirchliche Gemeinschaft einbringen, und bitten um die Kraft zu einem lebendigen Zeugnis in der heutigen Welt.**
– *Stille* – **Christus, einziger Herr und Lehrer.**
A: **Wir bitten dich, erhöre uns.**
S: **Wir sind groß, wenn wir uns klein machen im Dienst an anderen Menschen. Wir danken für die Schwestern und Brüder, die um Christi willen den Ärmsten und Armen dienen, und bitten um den stets neuen Mut, klein zu werden.**
– *Stille* – **Christus, einziger Herr und Lehrer.**

A: Wir bitten dich, erhöre uns.
S: Die Mächtigen treffen Entscheidungen über Wohl und Wehe derer, die ihnen anvertraut sind. Wir danken für alle gute Führung und bitten um Frieden und Gerechtigkeit für alle, denen Gewalt angetan wird.
– *Stille* – Christus, einziger Herr und Lehrer.
A: Wir bitten dich, erhöre uns.
L: Gott, du allein bist der Urgrund und das Ziel allen Lebens. Mit Blick auf Christus, deinen Sohn, beten wir dich an und singen dir unsere Lieder durch diese Zeit hindurch bis in Ewigkeit.
A: Amen.

(Nach: Gottesdienst 33 (1999), S. 142)

Oder:

L: Mit Zuversicht und Vertrauen rufen wir zu Gott und bitten ihn:
Erhöre uns, Gott, und erbarme dich.
A: Erhöre uns, Gott, und erbarme dich.
S1: Für die Kirche Jesu Christi in aller Welt bitten wir den lebendigen Gott um den Reichtum seiner göttlichen Güte und rufen:
A: Erhöre uns, Gott, und erbarme dich.
S1: Für alle, die Gottes Versöhnung bezeugen, bitten wir den Geist der Liebe um seinen Beistand und rufen:
A: Erhöre uns, Gott, und erbarme dich.
S1: Für alle, die das Wort der Wahrheit zu verkünden haben, bitten wir die Quelle der Wahrheit um die Gabe der Erkenntnis und rufen:
A: Erhöre uns, Gott, und erbarme dich.
S2: Für alle, die sich mühen und die Früchte ihrer Arbeit erwarten, bitten wir den Vollender der Schöpfung um seinen Segen und rufen:
A: Erhöre uns, Gott, und erbarme dich.
S2: Für alle, die Arbeit suchen, die ihre Gaben und Kräfte einbringen möchten, bitten wir den gerechten Gott um Hilfe und Wegweisung und rufen:
A: Erhöre uns, Gott, und erbarme dich.
S3: Für alle, die schuldig geworden sind, verstrickt in Schwäche, Oberflächlichkeit und Irrtum, bitten wir den Heiland und Erlöser um seine Vergebung und rufen:
A: Erhöre uns, Gott, und erbarme dich.

S3: **Für alle, die bedrückt werden durch Missgunst und Verachtung, bitten wir den Hüter des Lebens um sein befreiendes Eingreifen und rufen:**
A: **Erhöre uns, Gott, und erbarme dich.**
S3: **Für alle, die sich bemühen, Not zu lindern und Schwache zu stärken, bitten wir den hilfreichen Gott um seinen Beistand und rufen:**
A: **Erhöre uns, Gott, und erbarme dich.**
L: **Alles, was wir sind und haben, alles, was Gott in uns beginnt und vollendet, alles, was wir von ihm empfangen und unter seinem Schutz behalten dürfen, befehlen wir seiner Gnade und der Weisheit seiner Führung.**
   Ihm sei Ehre in Ewigkeit.
A: **Amen.**

(GB, S. 560.561 i. A.)

Segen

L: **Gott segne euch.**
   Er gehe mit euch und beschütze euch.
   Er schenke euch seinen Frieden.
   Das gewähre euch der dreieinige Gott,
   der Vater und der Sohn und der Heilige Geist.
A: **Amen.**

(Ökumenische Segensfeiern, S. 26, Nr. 21)

Gesang

Ausgang und Eingang (Kanon à 4 – EG 175, GL 85, KG 146, RG 345, UW 99)
Bewahre uns, Gott, behüte uns, Gott (EG 171, GL 453, RG 346, UW 232)
Es segne und behüte uns (Kanon à 3 – EG 174, KG 675, RG 352)
Gott segne dich (KAA 0109)
Komm, Herr, segne uns, dass wir uns nicht trennen (EG 170, GL 451, KG 147, RG 343, UW 199)
Lasst uns loben, freudig loben (GL 489, KG 504, UW 136)
Segne und behüte (KAA 0113)
Wenn wir jetzt weitergehen (EG 168 [Str 4–6], KG 150, RG 347)
Wir warten dein, o Gottes Sohn (EG 152, RG 853)

Anregungstexte

1.
Die Liebe des Vaters und des Sohnes in der Einheit des Heiligen Geistes ist die Quelle und das Ziel der Einheit, welche der dreieinige Gott für alle Menschen und die ganze Schöpfung will. Wir glauben, dass wir an dieser Einheit Anteil haben in der Kirche Jesu Christi. In ihm allein ... hat die Kirche ihre wahre Einheit ... Der Herr, der am Ende aller Dinge zur vollen Einheit führt, ist der, der uns nötigt, die Einheit zu suchen, die sein Wille für seine Kirche hier und jetzt auf Erden ist.
(ÖRK, 3. Vollversammlung 1961)

2.
Jede Erneuerung der Kirche besteht wesentlich im Wachstum der Treue gegenüber ihrer eigenen Berufung, und so ist ohne Zweifel hierin der Sinn der Bewegung in Richtung auf die Einheit zu sehen. Die Kirche wird auf dem Wege ihrer Pilgerschaft von Christus zu dieser dauernden Reform gerufen, deren sie allzeit bedarf, soweit sie menschliche und irdische Einrichtung ist.
(Zweites Vatikanisches Konzil, Dekret über den Ökumenismus
„Unitatis redintegratio" 6)

Totengedenken

I. Vorbemerkungen

Das Totengedenken ist sowohl in der katholischen wie in der evangelischen Kirche ein fester Bestandteil des gottesdienstlichen Lebens. Dabei kann zwischen dem allgemeinen und einem besonderen Totengedenken unterschieden werden. Das allgemeine Totengedenken findet zumeist an festgelegten Tagen statt, im evangelischen Bereich vor allem am Ewigkeitssonntag (dem letzten Sonntag im Kirchenjahr) oder innerhalb des Jahresschlussgottesdienstes, in der katholischen Kirche an Allerseelen (2. November). Dabei werden die Namen der im vergangenen Jahr verstorbenen Gemeindeglieder genannt und es wird ihrer fürbittend gedacht. Daneben gibt es im katholischen Bereich dreißig oder vierzig Tage (Sechswochenamt) und ein Jahr nach dem Todestag (Jahrgedächtnis) Eucharistiefeiern als Gedenkgottesdienste.

Besondere Feiern finden vor allem für Menschen statt, die keine oder eine anonyme Bestattung hatten. Hierzu gehören beispielsweise Obdachlose oder Opfer von Katastrophen. Zudem wünschen Menschen, deren Angehörige aus der Kirche ausgetreten waren und deshalb nicht kirchlich bestattet wurden, oft ein gottesdienstliches Gedenken. So werden an manchen Orten Totenbücher ausgelegt, in die die Namen derer eingetragen werden können, derer in einem Gedenkgottesdienst fürbittend gedacht werden soll. Die anschließenden Feiern sind sinnvollerweise ökumenisch zu planen und zu gestalten. Dies gilt ebenso für Jahrestage von Katastrophen. Inzwischen gibt es vor allem bei Feiern auf den Friedhöfen an Allerseelen und am Ewigkeitssonntag in manchen Gemeinden ein gemeinsames Totengedenken.

Der folgende Vorschlag ist für einen eigenen Gedenkgottesdienst für mehrere Personen gedacht.

II. Hinweise zur Gestaltung

Der Gedenkgottesdienst ist im Wesentlichen Gebet und Zuspruch für die Angehörigen. Im Zentrum des Totengedenkens steht das Verlesen der Namen mit den anschließenden Fürbitten. Für das Verlesen der Namen der Verstorbenen bieten sich mehrere Orte an. Sie können gleich zu Beginn des Gottesdienstes genannt werden, um die Grundstimmung der Hinterbliebenen aufzunehmen. Die Nennung der Namen kann auch mit Anrufungen (z. B. Herr, erbarme dich) verbunden werden. Im vorliegenden Modell hat das persönliche Gedenken vor den Fürbitten seinen Ort. Beim Verlesen der Namen können, wie in diesem Entwurf, Helferinnen und Helfer aus der Gemeinde jeweils eine Kerze an der Osterkerze entzünden. Bei einer größeren Anzahl von Namen sollte jeweils nach ca. fünf Nennungen ein biblisches Votum gesprochen oder ein Gebetsruf gesungen werden.

III. Verlauf

ERÖFFNUNG
Musik/Gesang
Gruß und Einführung
Gebet oder Psalm
Gesang

VERKÜNDIGUNG UND GEDENKEN
Lesung
Auslegung
Gesang
Namentliches Gedenken der Toten
Fürbitten
Vaterunser

ABSCHLUSS
Segen
Musik/Gesang

IV. Texte und Gesänge

Gruß[17] *und Einführung*

L: Im Namen Gottes, des Vaters und des Sohnes und des Heiligen Geistes.
A: **Amen**
L: Jesus Christus, der den Tod bezwungen hat, sei mit euch.
A: **Und mit deinem Geist.**

L: **Christus spricht: Ich bin die Auferstehung und das Leben. Wer an mich glaubt, der wird leben, auch wenn er stirbt, und wer da lebt und glaubt an mich, der wird nimmermehr sterben.** *(Joh 11,25f.)* **Im Vertrauen auf diese Verheißung denken wir heute an unsere Verstorbenen und rufen zu Gott.**

Oder:

Gott, der Vater unseres Herrn Jesus Christus, der Vater der Barmherzigkeit und Gott allen Trostes, tröste uns in aller Bedrängnis. Auch jetzt noch greift die Trauer um das Ableben von Menschen (die wir geliebt haben / die uns nahe standen / die wir geschätzt haben ...) nach uns. Im Gedenken an sie wenden wir uns fürbittend an Gott und rufen ihn um Beistand an.

Gebet

L: **Treuer Gott,**
in deinem Sohn Jesus Christus erfahren wir deine Liebe.
Durch ihn ist der Tod überwunden.
Wir bitten dich:
Lass uns voll Vertrauen auf deine Liebe
an unsere Verstorbenen denken.
Schenke uns die Zuversicht,
dass unser Leben über den Tod hinaus bei dir geborgen ist,
durch Christus, unseren Bruder und Herrn.
A: **Amen.**

---

[17] Siehe oben Anm. 2.

Oder:
Ps 22 (Mein Gott, warum hast du mich verlassen?)
Ps 23 (Der Herr ist mein Hirte)
Ps 73 (Anfechtung und Trost)
Ps 116 (Rettung durch Gott)

Gesang

Ach wie flüchtig, ach wie nichtig (EG 528)
Aus tiefer Not lasst uns zu Gott (EG 144)
Christus, der ist mein Leben (EG 516, GL 507, KG 728, RG 774)
Ein Ton steige auf, wenn der Lebenstag sinkt (KAA 055)
Ich seh empor zu den Bergen (KAA 053, UW 253)
Mitten wir im Leben sind (EG 518, GL 503, KG 706, RG 648)
Nun sich das Herz von allem löste (EG 532, GL 509 [M 186], RG 777)

Lesung

Vertrau auf Gott (Sir 2,6–11)
Seligpreisungen (Mt 5,3–10)
Das Kommen Christi (Lk 12, 35–38)
Der Wille des Vaters (Joh 6,37–40)
Jesus uns die Auferstehung (Joh 11,17–27)
Tod, wo ist dein Stachel? (1 Kor 15,51–58)
Der Trost der Auferstehung (1 Thess 4,13–18)

Gesang

Gott ist es, der mich bergen wird (KAA 029)
Gott liebt diese Welt (EG 409, GL 464, KG 709, RG 279)
Hilf, Herr meines Lebens (EG 419, GL 440, KG 547, RG 825, UW 53)
Was Gott tut, das ist wohlgetan (EG 372, GL 416, KG 549, RG 684)
Wenn wir in höchsten Nöten sein (EG 366, RG 204)
Wer nur den lieben Gott lässt walten (EG 369, RG 681)
Wer nur den lieben Gott lässt walten (GL 424, KG 541)

Gedenkgottesdienste – Totengedenken

Namentliches Gedenken der Toten

L: **Wir denken an unsere Toten.**
Wir nennen ihre Namen,
die im Buch des Lebens aufgeschrieben sind.
Wir entzünden für sie ein Licht an der Osterkerze.
Das Licht der Auferstehung leuchte in unsere Dunkelheit
und erhelle unser Leben.
Wir denken an: ...

Bei jeder Nennung eines Namens wird eine Kerze angezündet. Wenn es sich um eine größere Anzahl von Verstorbenen handelt, kann man auch jeweils jene, die in einem Monat verstorben sind, nennen und danach eine Kerze entzünden.

L: **Gott lasse sie in Frieden ruhen.**
A: **Und das ewige Licht leuchte ihnen.**

Oder:
L: **Herr, gib ihnen die ewige Ruhe.**
A: **Und das ewige Licht leuchte ihnen.**
L: **Herr, lass sie ruhen in Frieden.**
A: **Amen.**

Oder:
Bleib mit deiner Gnade bei uns (EG 789.7, EG.B 702, UW 96/97)
Misericordias Domini in aeternum cantabo (GL 657.6, UW 81)

Fürbitten

L: **Ewiger Gott,**
gedenke unserer Entschlafenen,
die wir geliebt haben und lieben.
Gedenke unserer verstorbenen Mütter und Väter,
Töchter und Söhne,
Schwestern und Brüder, Freundinnen und Freunde,
die wir nicht vergessen können.
Gedenke unserer Toten, die wir dir anvertraut haben.
Wir danken dir,
dass du uns in Trauer und Leid beistehst und uns tröstest.
Wir danken dir,
dass uns auch der Tod nicht aus deiner Hand reißen kann.
Wir hoffen auf dich.

Erbarme dich aller, die keinen Trost gefunden haben.
Sei ihnen nahe mit deiner Güte
und lass uns allen das Licht der Auferstehung leuchten.
Durch Jesus Christus, deinen lieben Sohn, unsern Herrn.
A: Amen.

(Agende für Evangelisch-Lutherische Kirchen und Gemeinden III, 5, S. 120f.)

Oder:
L: Gütiger Gott,
in deine Hände befehlen wir unsere verstorbenen Schwestern und Brüder.
Wir sind voll Hoffnung, dass sie bei Christus sind.
Für alles Gute,
mit dem du sie in ihrem irdischen Leben beschenkt hast,
danken wir dir.
Voll Dank denken wir an alles Schöne und Gute,
das wir durch sie erfahren durften.
Wir bitten dich, lass sie bei dir wohnen und dich schauen.
Uns aber, die wir zurückgeblieben sind, schenke die Kraft,
einander beizustehen, einander zu trösten
und im Glauben zu stärken,
bis wir alle vereint sind bei dir,
durch Christus, unseren Herrn.
A: Amen.

Segen[18]

L: Die Gnade seines Segens schenke euch der Gott allen Trostes,
der uns aus Liebe erschaffen
und uns in Christus die Hoffnung auf die selige Auferstehung geschenkt hat.
(A: Amen.)
L: Den Lebenden gewähre er Verzeihung der Sünden,
die Verstorbenen führe er in sein Licht und seinen Frieden.
(A: Amen.)
L: Der Lebenden und der Toten erbarme sich Christus,
der wahrhaftig aus dem Grabe erstanden ist.
(A: Amen.)

---

[18] Siehe oben Anm. 3.

L: **Das gewähre euch der dreieinige Gott,**
der Vater und der Sohn und der Heilige Geist.
A: **Amen.**
L: **Gehet hin in Frieden.**
A: **Dank sei Gott, dem Herrn.**

(MB, S. 564)

Oder:
L: **Jesus Christus, der Herr, sei bei dir, dich zu beschützen.**
Er gehe vor dir her, dich sicher zu geleiten.
Er stehe hinter dir, dich zu schirmen.
Er schaue dich gnädig an, bewahre und segne dich.
A: **Amen.**

(Agende für Evangelisch-Lutherische Kirchen
und Gemeinden III, 5, S. 222)

Oder:
L: **Der Gott allen Lebens tauche euch in das klare Licht seiner Wirklichkeit.**
Er lasse euch in seiner grenzenlosen Barmherzigkeit leben und schenke euch Vertrauen in jeder Lebenslage.
So segne und behüte euch Gott,
der uns ins Leben gerufen und den Tod überwunden hat,
der Vater und der Sohn und der Heilige Geist.
A: **Amen.**

Anregungstexte

1.
Nicht all unsere Wünsche, aber alle seine Verheißungen erfüllt Gott.

(Dietrich Bonhoeffer)

2.
Wenn etwas uns fortgenommen wird,
womit wir tief und wunderbar zusammenhängen,
so ist viel von uns selber mit fortgenommen.
Gott aber will, dass wir uns wiederfinden,
reicher um das Verlorene
und vermehrt um jenen unendlichen Schmerz.

(Rainer Maria Rilke)

3.
Wenn wir an Christus glauben, wollen wir auch seinen Worten und Verheißungen Vertrauen schenken. Da wir in Ewigkeit nicht sterben werden, lasst uns in froher Gewissheit zu Christus eilen, mit dem wir immerdar leben und herrschen sollen.

(Cyprian)

4.
Die Zeit, Gott zu suchen, ist dieses Leben, die Zeit, Gott zu finden, ist der Tod, die Zeit, Gott zu besitzen, ist die Ewigkeit.

(Franz von Sales)

Gebets- und Meditationsgottesdienste/Andachten

Während in den Wort-Gottes-Feiern/Predigtgottesdiensten die Verkündigung und Auslegung der Heiligen Schrift im Mittelpunkt stehen, sind bei Gebets- und Meditationsgottesdiensten das persönliche und gemeinschaftliche betrachtende Beten sowie die besinnliche Aneignung des Gehörten wichtig.

Wir verwenden hier den Oberbegriff Gebets- und Meditationsgottesdienste, weil der Begriff Andacht in der evangelischen und katholischen Tradition unterschiedlich verstanden wird.

In der evangelischen Tradition gehört zu Andachten neben Gebetselementen in vielen Fällen eine – wenn auch kürzere – Predigt oder Besinnung. Katholischerseits bestehen Andachten überwiegend aus Wechselgebeten und Gesängen. Verkündigung spielt in katholischen Andachten eine untergeordnete Rolle. Schriftlesungen dienen darin als (in der Regel kurze) Zitate unmittelbar der Anregung zum Gebet; eine Predigt oder Ansprache ist unüblich.

Bei in den Konfessionen unterschiedlich geprägten Formen von Gebets- und Meditationsgottesdiensten empfiehlt es sich, dass die gastgebende Gemeinde die Gäste in ihre vertraute Feierform mit hineinnimmt. Dabei wird man selbstverständlich bei der Wahl der Form berücksichtigen, ob die Eingeladenen der betreffenden Frömmigkeit zustimmen können. Ebenso wird man sich bei der Auswahl der Gesänge und Gebete absprechen.

In den letzten Jahrzehnten sind allerdings auch neue Feierformen entstanden, die in beiden Konfessionen sehr ähnlich sind. Hier wird dann ein „ökumenisches Modell" angeboten. In der Regel sollte eine Andacht durch einen Amtsträger oder Beauftragten jener Kirche geleitet werden, in deren Raum der Gottesdienst stattfindet. Die Verteilung der anderen Dienste wird miteinander abgestimmt.

Trotz unterschiedlicher Akzentsetzungen haben alle Gebets- und Meditationsgottesdienste eine ähnliche Grundstruktur, die in der vorliegenden Sammlung mit den Begriffen *Sammeln*, *Hören – Betrachten – Antworten* und *Senden – Segnen* bezeichnet wird.

Andachten in der
Österlichen Bußzeit/Passionszeit

In vielen evangelischen Gemeinden finden in der Zeit der Vorbereitung auf Ostern „Passionsandachten" statt, in denen das Leiden Jesu betrachtet wird. Zahl und Verteilung der (oft wöchentlichen) Passionsandachten ist davon abhängig, ob mit der Reihe bereits in der Woche des Aschermittwochs oder erst in der darauf folgenden Woche begonnen wird.

In katholischen Gemeinden gibt es in dieser Zeit verschiedene Andachtsformen. Die bekannteste ist der Kreuzweg. Eine andere Form orientiert sich an den Sieben Worten Jesu am Kreuz, wieder eine andere an den Sieben Schmerzen Marien. Auch der Schmerzhafte Rosenkranz ist eine übliche Andachtsform.

Nicht unter dem Titel Andachten gibt es in der katholischen Kirche auch die Tradition von Fastenpredigten, vor allem in größeren Stadtkirchen. Das sind Wort-Gottes-Feiern am Spätnachmittag oder Abend der Fastensonntage oder an einem Wochentag. Sie gehen entweder einer längeren, fortlaufenden Schriftlesung entlang oder werden anhand eines Themas über die fünf Wochen hin gestaltet. Ihre Struktur besteht aus einer Eröffnung, Schriftlesung, Predigt, Fürbitten, Vaterunser, Schlusssegen (mit Musik und Gesang an entsprechenden Stellen).

Als eine gemeinsame Gottesdienstform hat sich der „Ökumenischer Kreuzweg der Jugend" entwickelt; dazu erscheinen alljährlich eigene Materialien.

Passionsandacht

I. Vorbemerkungen

Im Folgenden werden Anregungen gegeben für eine ökumenisch gefeierte Passionsandacht nach evangelischer Tradition, in deren Mittelpunkt Schriftlesungen und deren Auslegung stehen (vgl. auch die Passionsandacht zum Kreuzweg, S. 108).

II. Hinweise zur Gestaltung

In den Passionsandachten kann ein Schwerpunkt auf der Auslegung eines biblischen Textes oder aber auf der fortlaufenden Lesung der Leidensgeschichte Jesu liegen. Dies bestimmt die Zahl und Auswahl der Schriftlesungen.
Im Perikopenbuch mit Lektionar, das die Lutherische Liturgische Konferenz Deutschlands 1985 herausgegeben hat, ist in Teil IV die „Passion und Auferstehung Jesu Christi nach den vier Evangelisten" abgedruckt; sie kann als Grundlage für die Auswahl von Lesungen für Passionsandachten dienen. Auch die katholische Leseordnung der drei Lesejahre könnte eine inhaltliche Vorgabe für evangelische Passionsandachten mit ökumenischer Ausrichtung sein.
Die Schriftlesungen können durch eine andere passende Lesung, die als geistlicher Kommentar verstanden werden kann („Väterlesung"), ergänzt werden.
Der thematische Schwerpunkt einer Andachtsreihe kann auch von den Symbolen der Passion, den Personen der Leidensgeschichte oder von Passionsliedern bestimmt sein.

III. Verlauf

SAMMELN
Gruß und Einführung
Gesang
Gebet oder Psalm

HÖREN – BETRACHTEN – ANTWORTEN
Lesung
Auslegung
Gesang

SENDEN – SEGNEN
Gebet
Segen

IV. Texte

Gruß[19] *und Einführung*

L: Im Namen des Vaters und des Sohnes und des Heiligen Geistes.
A: Amen.
L: Der Herr sei mit euch.
A: Und mit deinem Geist.
L: In dieser Stunde betrachten wir das Leiden Jesu.
 Wir blicken auf den, der für uns gelitten hat und gestorben ist.
 Wir blicken auf den, der für uns eintritt.

Gesang

Herr, stärke mich, dein Leiden zu bedenken (EG 91, RG 449)
Herzliebster Jesu, was hast du verbrochen (EG 81, GL 290, RG 440) Str 1–3
Jesu, deine Passion (EG 88)
Jesu, deine Passion (RG 447)
Jesu, meines Lebens Leben (EG 86)
Jesu, meines Lebens Leben (RG 444)
Loben wollen wir und ehren (KAA 0145)

Gebet

L: Barmherziger Vater,
 aus Liebe hast du deinen Sohn an die Not und das Leiden dieser Welt dahingegeben.
 Ihm wollen wir vertrauen.
 Seinem Ruf wollen wir folgen und in seiner Nähe bleiben.
 Segne diese Stunde, in der wir sein Wort hören
 (und seinen Weg bedenken).
 Dir sei Ehre in Ewigkeit.
A: Amen.

---

[19] Siehe oben Anm. 2.

Oder:
Die Augen des Herrn merken auf die Gerechten und seine Ohren
auf ihr Schreien.
Wenn die Gerechten schreien, so hört der Herr
und errettet sie aus aller Not.
> Der Herr ist nahe denen, die zerbrochenen Herzens sind,
> und denen, die ein zerschlagenes Gemüt haben, hilft er.

Der Gerechte muss viel leiden,
aber der Herr hilft ihm aus alledem.
> Der Herr erlöst das Leben seiner Knechte,
> und alle, die auf ihn trauen, werden frei von Schuld.

Ehre sei dem Vater und dem Sohn
und dem Heiligen Geist
> wie im Anfang, so auch jetzt und allezeit
> und in Ewigkeit Amen.

(Ps 34,16.19.20.23)

Oder:
Herr, höre mein Gebet
und lass mein Schreien zu dir kommen!
> Verbirg dein Antlitz nicht vor mir in der Not,
> neige deine Ohren zu mir;

wenn ich dich anrufe, so erhöre mich bald!
Denn meine Tage sind vergangen wie ein Rauch,
und meine Gebeine sind verbrannt wie von Feuer.
> Mein Herz ist geschlagen und verdorrt wie Gras,
> dass ich sogar vergesse, mein Brot zu essen.

Du aber, Herr, bleibst ewiglich
und dein Name für und für.
> Du wollest dich aufmachen und über Zion erbarmen;
> denn es ist Zeit, dass du ihm gnädig seist,
> und die Stunde ist gekommen.

Ja, der Herr baut Zion wieder
und erscheint in seiner Herrlichkeit.
> Er wendet sich zum Gebet der Verlassenen
> und verschmäht ihr Gebet nicht.

Ehre sei dem Vater und dem Sohn
und dem Heiligen Geist
> wie im Anfang, so auch jetzt und allezeit
> und in Ewigkeit Amen.

(Ps 102,2–5.13–18)

Gesang

Christuspsalm (KAA 0148)
Fürwahr, er trug unsre Krankheit (KAA 0144)
Herzliebster Jesu, was hast du verbrochen (EG 81, RG 440) Str 4–7
Holz auf Jesu Schulter (EG 97, GL 291, KG 393, RG 451, UW 94)
Ich suchte den Herren (GL 651,3–4) PS 34
Ich will, solang ich lebe (EG 276) Ps 34
Korn, das in die Erde (EG 98, KG 390, RG 456)
Lob sei dem Herrn, Ruhm seinem Namen (KG 139) Ps 34
O Haupt voll Blut und Wunden (EG 85 II) Str 8–10
O Haupt voll Blut und Wunden (GL 289) Str 5–7
O Haupt voll Blut und Wunden (KG 389) Str 3–4
O Haupt voll Blut und Wunden (RG 445) Str 6–8
O Mensch, bewein dein Sünde groß (EG 76, GL 267, KG 380, RG 438) Str 2
O Welt, sieh hier dein Leben (EG 84, RG 441) Str 8–10
Seht hin, er ist allein im Garten (EG 95, RG 452)
Wir danken dir, Herr Jesu Christ, dass du für uns gestorben bist (EG 79, GL 297, KG 395, RG 439)

Lesung

Passend zu den jeweiligen Leidensstationen, die betrachtet werden sollen, werden Lesungstexte ausgewählt.

Der Beschluss des Hohen Rates (Mt 26,1–5; Mk 14,1 f.; Lk 22,1 f.)
Jesus wird gesalbt (Mt 26,6–13; Mk 14,3–9; Lk 7,36–50; Joh 12,1–8)
Der Verrat des Judas (Mt 26,14–16; Mk 14,10 f.; Lk 22,3–6)
Die Vorbereitung des Passamahls (Mt 26,17–19; Mk 14,12–16; Lk 22,7–13)
Das Mahl (Mt 26,20–29; Mk 14,17–25; Lk 22,14–23)
Der Gang zum Ölberg (Mt 26,30–35; Mk 14,26–31)
Die Stunde der Entscheidung (Lk 22,35–38)
Das Gebet in Getsemane (Mt 26,36–46; Mk 14,32–42; Lk 22,39–46)
Die Gefangennahme (Mt 26,47–56; Mk 14,43–52; Lk 22,47–53; Joh 18,1–11)
Die Verspottung durch die Wächter (Lk 22,63–65)
Das Verhör vor dem hohen Rat (Mt 26,57–68; Mk 14,53–65; Lk 22,66–71; Joh 18,12–27)
Die Verleugnung durch Petrus (Mt 26,69–75; Mk 14,66–72; Lk 22,54–62; Joh 18,15–18)
Die Auslieferung an Pilatus (Mt 27,1 f., Lk 23,1–5)
Die Verhandlung vor Pilatus (Mt 27,11–26; Mk 15,1–15; Lk 23,13–25; Joh 18,28 – 19,16a)

Die Verspottung Jesu durch die Soldaten (Mt 27,27–31a; Mk 15,16–20a; Joh 19,2 f.)
Die Kreuzigung (Mt 27,31b–44; Mk 15,20b–32; Lk 23,26–43; Joh 19,16b–30)
Der Tod Jesu (Mt 27,45–56; Mk 15,33–41; Lk 23,44–49)
Das Begräbnis Jesu (Mt 27,57–61; Mk 15,42–47; Lk 23,50–56; Joh 19,31–42)
Die Bewachung des Grabes (Mt 27,62–66)

Segen

L: **Jesus Christus spricht:**
Den Frieden lasse ich euch,
meinen Frieden gebe ich euch.
Nicht gebe ich euch, wie die Welt gibt.
Euer Herz erschrecke nicht und fürchte sich nicht.

(Joh 14,27)

Die Gnade unseres Herrn Jesus Christus
und die Liebe Gottes
und die Gemeinschaft des Heiligen Geistes sei mit euch allen.

A: **Amen.**

Anregungstexte[20]

1.
Augustin lehrt, dass das Leiden Christi sowohl ein Sakrament als auch ein Vorbild sei: ein Sakrament, das denen, die da glauben, den Tod der Sünde in uns verkündet und schenkt; ein Vorbild, das wir leiblich durch Leiden und Sterben nachahmen müssen.

(Martin Luther)

---

[20] Siehe auch Passionsandacht zum Kreuzweg.

2.
Ein grab greift
tiefer
als die gräber
gruben

denn ungeheuer
ist der vorsprung tod

am tiefsten
greift
das grab das selbst
den tod begrub

denn ungeheuer
ist der vorsprung leben *(Kurt Marti)*

Kreuzweg

I. Vorbemerkungen

In der Österlichen Bußzeit/Passionszeit richtet sich der Blick der Glaubenden auf das Leiden und Sterben von Jesus Christus. Von Aschermittwoch bis Karsamstag kreisen die Gedanken in den Gottesdiensten und Andachten um diese Thematik. Die Formen sind dabei unterschiedlich, die Akzentsetzungen in den Konfessionen je eigen.

Nachdem im Mittelalter in Jerusalem der Leidensweg Christi nachgegangen wurde, wurde dieser seit dem 15. Jahrhundert auch im Abendland nachgebildet. Darstellungen und Nachbildungen der 14 Kreuzwegstationen sind in vielen Kirchen zu finden, in katholischen wie in evangelischen.

War die Begehung des Kreuzweges bis vor dreißig Jahren weitgehend auf die katholische Kirche beschränkt, so ist dies heute nicht mehr so. Besonders in der kirchlichen Jugendarbeit werden ökumenische Kreuzwege angenommen und miteinander begangen. Dabei sind vor allem Impulse aus der lateinamerikanischen Frömmigkeit aufgenommen worden, die das heutige Leiden und Sterben mit dem Leiden und Sterben von Jesus Christus in Verbindung bringen.

Die einzelnen Stationen des traditionellen Kreuzwegs sind:
1. Jesus wird zum Tod verurteilt
2. Jesus nimmt das Kreuz auf seine Schultern
3. Jesus fällt zum ersten Mal unter dem Kreuz
4. Jesus begegnet seiner Mutter
5. Simon von Cyrene hilft Jesus das Kreuz tragen
6. Veronika reicht Jesus das Schweißtuch
7. Jesus fällt zum zweiten Mal unter dem Kreuz
8. Jesus begegnet den weinenden Frauen
9. Jesus fällt zum dritten Mal unter dem Kreuz
10. Jesus wird seiner Kleider beraubt
11. Jesus wird ans Kreuz genagelt
12. Jesus stirbt am Kreuz
13. Jesus wird vom Kreuz abgenommen
14. Jesus wird ins Grab gelegt
(15. Auferstehung)

II. Hinweise zur Gestaltung

In der Praxis gibt es sehr unterschiedliche Gestaltungsformen
Besonders an Wallfahrtsorten kann ein vorgegebener Weg mit den Kreuzwegstationen begangen werden.
Der Kreuzweg lädt zum Verweilen und Betrachten der Darstellungen des Leidensweges Jesu ein. An den Stationen wird gebetet, gesungen und es werden entsprechende Worte aus der Bibel verlesen. Die zumeist 14 Stationen sind inhaltlich vorgegeben und stellen das Geschehen zwischen der Verurteilung und der Grablegung Jesu dar.
Bei manchen Kreuzwegen, die im Freien stattfinden, wird ein großes Holzkreuz von Station zu Station getragen. Es legt sich nahe, bei einem ökumenischen Kreuzweg die verschiedenen Kirchen, Kapellen, Wegkreuze und sonstigen Orte der beteiligten Gemeinden einzubeziehen. Als Alternative können aber auch Orte aufgesucht werden, an denen Leid sichtbar wird (Obdachlosenheim, Frauenhaus, Heim für schwer erziehbare Kinder etc.).
Aus den tradierten Kreuzwegstationen kann auch eine Auswahl getroffen werden (z.B. Verrat, Gewalt, Mittragen, Festnageln, Entblößen, Vergebung, Tod). Es können aber auch aktuelle Leidenssituationen (z.B. die geschundene Schöpfung, Einsamkeit, Krankheit, lähmende Angst, Erwerbslosigkeit, sexueller Missbrauch, Gewalt) in die Betrachtung einbezogen werden. Die Auswahl kann

sich auch auf Personen konzentrieren, die in den Kreuzwegstationen genannt werden oder bei der Passion Jesu eine Rolle spielen.

Im Folgenden werden zwei konfessionell geprägte Modelle vorgestellt. Das erste ist ein Kreuzweg nach der katholischen Tradition. Das zweite Modell folgt der evangelischen Tradition und ist eine Passionsandacht zum Kreuzweg, d. h. eine Andacht zu ausgewählten Leidensstationen, die mit einem Bibeltext vor Augen gestellt und in einer kurzen Predigt oder einer Bildmeditation erschlossen werden.

Modell 1: Kreuzweg

III. Verlauf

SAMMELN
Musik/Gesang
Gebet

HÖREN – BETRACHTEN – ANTWORTEN
Bei jeder Station (I–XIV):
    Nennung der Station
    Deutung der Station (Bildbetrachtung)
    Wechselgebet
    Psalmwort
    Gebet
    Fürbittruf
    Gesang

SENDEN – SEGNEN
Gebet
Segen

IV. Texte und Gesänge

Gebet

L: **Jesus Christus, du bist der Gott-mit-uns.
Der Kreuzweg, den du gegangen bist,
ist uns das unwiderrufliche Zeichen deiner Liebe.
Trotz aller Bedrängnis und Not
hast du diese Welt nicht aufgegeben,
sondern bist uns Menschen treu geblieben.
Wir bitten dich: Gekreuzigter Erlöser!**
A: **Erbarme dich über uns und über die ganze Welt!**

Gesang

Zwischen den einzelnen Stationen oder an ausgewählten Stellen können Strophen eines Passionsliedes gesungen werden.
Zu den Kreuzweg-Stationen I–XIV

Du schweigst, Herr, da der Richter feige (KG 392)
Loben wollen wir und ehren (KAA 0145)
O Traurigkeit, o Herzeleid (EG 80, GL 295, RG 442)
Seht hin, er ist allein im Garten (EG 95, RG 452)

Nach der X. Station
Heiland mit der Dornechrone! (RG 453)

Nach der XII. Station
O du hochheilig Kreuze (GL 294, KG 387)
Wer leben will wie Gott auf dieser Erde (EG.B 553, GL 460, KG 202, UW 52)
Wir danken dir, Herr Jesu Christ, dass du für uns gestorben bist (EG 79, GL 297, KG 395, RG 439)

Nach der XIV. Station
Ehre sei dir, Christe, der du littest Not (EG 75.1, KG 388, RG 435)

I. Jesus wird zum Tode verurteilt

S: „Was ist Wahrheit?" fragt Pilatus.
 Er kann an Jesus keine Schuld finden,
 dennoch opfert er ihn dem politischen Kalkül
 und bricht den Stab über ihn.

L: Wir beten dich an, Herr Jesus Christus, und preisen dich.
A: Denn durch dein heiliges Kreuz hast du die Welt erlöst.

S: Ruchlose Zeugen treten auf.
 Man wirft mir Dinge vor, von denen ich nichts weiß.
 Sie vergelten mir Gutes mit Bösem,
 ich bin verlassen und einsam.
 Denn es erheben sich gegen mich stolze Menschen,
 freche Leute trachten mir nach dem Leben;
 sie haben Gott nicht vor Augen. *(Ps 35,11–12; 54,5)*

L: Herr Jesus Christus,
 lächerlich sind die Anklagen,
 die gegen dich erhoben werden,
 und kläglich das Urteil, das man über dich fällt.
 Für dich aber wird all das blutiger Ernst.
 Du stehst auf der Seite der Entrechteten.
 Du rechtfertigst dich nicht,
 weißt du doch, was auf dem Spiel steht.

L: Gekreuzigter Erlöser!
A: Erbarme dich über uns und über die ganze Welt!

II. Jesus nimmt das Kreuz auf seine Schultern.

S: Die aufgewiegelte Menge schreit: „Ans Kreuz mit ihm!"
 Jesus ergibt sich in einem letzten hoffnungsvollen Vertrauen
 auf die Nähe Gottes der menschlich ausweglosen Situation.

L: Wir beten dich an, Herr Jesus Christus, und preisen dich.
A: Denn durch dein heiliges Kreuz hast du die Welt erlöst.

S: Wende dein Ohr zu mir, erhöre mich, Herr,
 denn ich bin arm und gebeugt.
 Am Tag meiner Not rufe ich zu dir,
 denn du wirst mich erhören.
 Weise mir den Weg;
 ich will ihn gehen in Treue zu dir. *(Ps 86,1.7.11a)*

L: Herr, Jesus Christus,
die Bosheit der Menschen zwingt dich,
einen blutigen Kreuzweg zu gehen.
Du nimmst diese Herausforderung an.
So kann die erlösende Liebe Gottes in dir Gestalt annehmen.
Dieser Weg durchkreuzt alle Absichten des Bösen.

L: Gekreuzigter Erlöser!
A: Erbarme dich über uns und über die ganze Welt!

III. Jesus fällt zum ersten Mal unter dem Kreuz

S: Jesus kommt auf uns zu
und konfrontiert uns mit seinem Leidensweg.
Die Enge seiner Lage erdrückt ihn schier,
und er bricht erstmals unter der Last des Unglaubens zusammen.
Er weiß, dass der schmale Weg in den blutigen Tod führt.

L: Wir beten dich an, Herr Jesus Christus, und preisen dich.
A: Denn durch dein heiliges Kreuz hast du die Welt erlöst.

S: Schwer lastet dein Grimm auf mir,
alle deine Wogen stürzen über mir zusammen.
Die Freunde hast du mir entfremdet,
mich ihrem Abscheu ausgesetzt;
ich bin gefangen und kann nicht heraus. *(Ps 88,8f.)*

L: Herr Jesus Christus,
mit vielen Unglücklichen wirst du von der Blindheit
und Sturheit derer, zu denen du gesandt bist,
zu Boden gedrückt.
Man will dich nicht.
Man will auch die vielen anderen nicht,
die vor Elend am Boden liegen
und an ungerechte Tatsachen erinnern,
an Aufgaben und Chancen, die ergriffen werden müssten.
Doch du stehst wieder auf,
um alles auf die eigenen Schultern zu nehmen
und zu erfüllen.
Hilf allen Zusammengebrochenen wieder auf!

L: Gekreuzigter Erlöser!
A: Erbarme dich über uns und über die ganze Welt!

IV. Jesus begegnet seiner Mutter

S: Das stille Einverständnis zwischen Mutter und Sohn:
Beide setzen auf den Willen Gottes,
der sie wie ein Licht von oben verbindet.

L: Wir beten dich an, Herr Jesus Christus, und preisen dich.
A: Denn durch dein heiliges Kreuz hast du die Welt erlöst.

S: Wende dich mir zu und sei mir gnädig.
Gib deinem Knecht wieder Kraft.
Hilf dem Sohn deiner Magd.
Denn meine Seele ist gesättigt mit Leid,
mein Leben ist dem Totenreich nahe.

(Ps 86,16; 88,4)

L: Herr Jesus Christus,
du ganz allein leistest für uns den Gehorsam
bis in den Tod.
Doch deine Mutter Maria steht zu dir mit ganzem Herzen
und lässt sich durch nichts verunsichern.
Ein Mensch folgt dir bis unter das Kreuz.
So bist du nicht allein gelassen.
In Maria verlässt die Menschheit die Wege des Todes
und folgt dir auf dem Weg, der zum Leben in Fülle führt.

L: Gekreuzigter Erlöser!
A: Erbarme dich über uns und über die ganze Welt!

V. Simon von Cyrene hilft Jesus das Kreuz tragen

S: Nur einer aus der Menge ist bereit
und trägt für kurze Zeit das gleiche Kreuz.

L: Wir beten dich an, Herr Jesus Christus, und preisen dich.
A: Denn durch dein heiliges Kreuz hast du die Welt erlöst.

S: Du, Herr, verschließ mir nicht dein Erbarmen.
Denn Leiden ohne Zahl umfangen mich,
ich vermag nicht mehr aufzusehen,
der Mut hat mich ganz verlassen.
Ich bin arm und gebeugt;
der Herr aber sorgt für mich.
Meine Hilfe und mein Retter bist du.
Mein Gott, säume doch nicht.

(Ps 40,12–13.18)

Kreuzweg **103**

L: **Herr Jesus Christus,
dein Kreuz war unerträglich schwer.
So warst du dankbar für den Dienst des Simon.
Noch heute wartest du in Bedrückten und Verlassenen,
Entrechteten und Verurteilten auf Hilfe.**

L: **Gekreuzigter Erlöser!**
A: **Erbarme dich über uns und über die ganze Welt!**

VI. Veronika reicht Jesus das Schweißtuch

S: **Eine Frau, Veronika, kann es nicht mehr mit ansehen.
Auch sie kann sein Schicksal nicht wenden,
aber ihre Geste der Zuwendung lindert für einen Augenblick
seine Not.**

L: **Wir beten dich an, Herr Jesus Christus, und preisen dich.**
A: **Denn durch dein heiliges Kreuz hast du die Welt erlöst.**

S: **Ich wurde für sie zum Spott und zum Hohn,
sie schütteln den Kopf, wenn sie mich sehen.
Hilf mir, Herr, mein Gott, in deiner Huld errette mich!
Mögen sie fluchen – du wirst segnen.
Meine Gegner sollen scheitern,
dein Knecht aber darf sich freuen.**   *(Ps 109,25–26.28)*

L: **Herr Jesus Christus,
in deinen Schmerzen
bist du dankbar für die Geste des Mitleidens.
Du schenkst dich selbst,
dein Antlitz,
dein unauslöschliches Bild,
deinen Trost.**

L: **Gekreuzigter Erlöser!**
A: **Erbarme dich über uns und über die ganze Welt!**

VII. Jesus fällt zum zweiten Mal

S: **Nun führt Jesu Weg an uns vorüber.
Wir, die an seinem Weg stehen, sehen sein Fallen.**

L: **Wir beten dich an, Herr Jesus Christus, und preisen dich.**
A: **Denn durch dein heiliges Kreuz hast du die Welt erlöst.**

S: Freunde und Gefährten bleiben mir fern in meinem Unglück,
und meine Nächsten meiden mich –
verlass mich nicht, wenn meine Kräfte schwinden.
Denn meine Feinde reden schlecht von mir,
die auf mich lauern, beraten gemeinsam;
sie sagen: „Gott hat ihn verlassen!
Für ihn gibt es keinen Retter!"
Gott, bleib doch nicht fern von mir!
Mein Gott, eile mir zu Hilfe!

(Ps 38,12; 71,9b–12)

L: Herr Jesus Christus,
du gehst deinen Weg, der viel zu schwer ist,
einen Weg, der alle deine Kräfte aufzehrt.
Aber du gehst ihn ganz.
Seitdem ist kein Mensch allein,
der einen einsamen Leidensweg gehen muss –
denn du gehst voran.

L: Gekreuzigter Erlöser!
A: Erbarme dich über uns und über die ganze Welt!

VIII. Jesus begegnet den weinenden Frauen

S: Die Frauen haben ihre eigenen Erfahrungen
von Schmerz und Leid.
Darum weinen sie um Jesus. Aber nicht ihr Mitleid will Jesus.
Er lenkt den Blick auf ihre Erlösungsbedürftigkeit.

L: Wir beten dich an, Herr Jesus Christus, und preisen dich.
A: Denn durch dein heiliges Kreuz hast du die Welt erlöst.

S: Ich bin müde vom Rufen, meine Kehle ist heiser,
mir versagen die Augen,
während ich warte auf meinen Gott.
Denn deinetwegen erleide ich Schmach,
und Schande bedeckt mein Gesicht.
Entfremdet bin ich den eigenen Brüdern.

(Ps 69,4.8.9a)

L: Herr Jesus Christus,
unsere Welt zwingt dich ans Kreuz.
Und so bahnt sich auch für sie das Gericht an.
Lass uns hören auf dein Wort
und so zu wahrer Umkehr gelangen.

L: **Gekreuzigter Erlöser!**
A: **Erbarme dich über uns und über die ganze Welt!**

IX. Jesus fällt zum dritten Mal

S: Jesus geht seinen Weg zu Ende.

L: **Wir beten dich an, Herr Jesus Christus, und preisen dich.**
A: **Denn durch dein heiliges Kreuz hast du die Welt erlöst.**

S: Das Geschrei der Feinde macht mich verstört;
mir ist angst, weil mich die Frevler bedrängen.
Sie überhäufen mich mit Unheil
und befehden mich voller Grimm.
Meine Feinde reden böse über mich;
„Wann stirbt er endlich, und wann vergeht sein Name?"
Besucht mich jemand,
so kommen seine Worte aus falschem Herzen.
Er häuft in sich Bosheit an, dann geht er hinaus und redet.
Im Hass gegen mich sind sich alle einig:
sie tuscheln über mich und sinnen auf Unheil:
„Verderben hat sich über ihn ergossen, wer einmal daliegt,
steht nicht mehr auf."
Auch mein Freund, dem ich vertraute, der mein Brot aß,
hat gegen mich geprahlt.
Du aber, Herr, sei mir gnädig.

(Ps 55,4; 41,6–11a)

L: Herr Jesus Christus,
auch heute leidest du –
in den Opfern von Hass und Gewalt,
in den Vertriebenen und Heimatlosen,
in den Vereinsamten und Gescheiterten.
Zahllos sind die, für die du dein Leben hingabst.

L: **Gekreuzigter Erlöser!**
A: **Erbarme dich über uns und über die ganze Welt!**

X. Jesus wird seiner Kleider beraubt

S: Die Wunden der Geißelung werden sichtbar.
In völliger Verlassenheit steht der Mensch da –
ausgeliefert den Blicken.
Alle Würde ist ihm geraubt.
Die dunkelsten Momente stehen bevor.

L: Wir beten dich an, Herr Jesus Christus, und preisen dich.
A: Denn durch dein heiliges Kreuz hast du die Welt erlöst.

S: Viele Hunde umlagern mich,
eine Rotte von Bösen umkreist mich.
Man kann all meine Knochen zählen;
sie gaffen und weiden sich an mir,
sie verteilen unter sich meine Kleider,
und werfen das Los um mein Gewand.

(Ps 22,17–19)

L: Herr Jesus Christus,
den grausamen Händen von Menschen
hast du dich ausgeliefert.
Deinen Leib werden sie töten.
Deine Seele aber ist geborgen
in den liebevollen Händen des Vaters.

L: Gekreuzigter Erlöser!
A: Erbarme dich über uns und über die ganze Welt!

XI. Jesus wird an das Kreuz genagelt

S: Der letzte, schmerzvollste Teil des menschlichen Weges,
grausames Werk des Menschen am Menschen!

L: Wir beten dich an, Herr Jesus Christus, und preisen dich.
A: Denn durch dein heiliges Kreuz hast du die Welt erlöst.

S: Meine Kehle ist trocken wie eine Scherbe.
Du legst mich in den Staub des Todes.
Sie durchbohren mir Hände und Füße.
Du aber, Herr, halte dich nicht fern.

(Vgl. Ps 22,16–17.20)

L: **Herr Jesus Christus!**
Du wirst ans Kreuz genagelt.
Du sträubst dich nicht, du nimmst auch das an.
Deine Liebe ist stärker,
sie durchbricht den Kreislauf der Bosheit.

L: **Gekreuzigter Erlöser!**
A: **Erbarme dich über uns und über die ganze Welt!**

XII. Jesus stirbt am Kreuz

S: Jesu Tod ist nicht das Ende – er ist ein neuer Anfang für alle, die ausharren unter dem Kreuz.

L: **Wir beten dich an, Herr Jesus Christus, und preisen dich.**
A: **Denn durch dein heiliges Kreuz hast du die Welt erlöst.**

S: Mich umfingen die Fesseln des Todes,
mich befielen die Ängste der Unterwelt,
mich trafen Bedrängnis und Kummer.
Da rief ich den Namen des Herrn an.
Ich breite die Hände aus zu dir,
meine Seele dürstet nach dir wie lechzendes Land.
Herr, erhöre mich bald, denn mein Geist wird müde;
verbirg dein Antlitz nicht vor mir.

(Ps 116,3–4a; 143,6–7a)

L: **Herr Jesus Christus!**
Es ist vollbracht. Du stirbst am Kreuz.
Du lässt es geschehen.
Die Sünde hat erreicht, was sie wollte.
So handelt die Liebe Gottes zu uns Menschen.
In deinem Tod erweist sie sich größer
und stärker als die Schuld.

L: **Gekreuzigter Erlöser!**
A: **Erbarme dich über uns und über die ganze Welt!**

XIII. Jesus wird vom Kreuz abgenommen

S: Die betroffenen Personen sind wie erschlagen
von dem unbegreiflichen Geschehen.
Sie versammeln sich voll Trauer, um als letzte Tat ihrer Liebe den Leichnam Jesu abzunehmen
und in Würde zu bestatten.

L: Wir beten dich an, Herr Jesus Christus, und preisen dich.
A: Denn durch dein heiliges Kreuz hast du die Welt erlöst.

S: Ich bin hingeschüttet wie Wasser,
gelöst haben sich all meine Glieder.
Ich sagte: In der Mitte meiner Tage muss ich hinab
zu den Pforten der Unterwelt,
man raubt mir den Rest meiner Jahre.
Lass mich nicht scheitern,
lass meine Feinde nicht triumphieren.
Denn niemand, der auf dich hofft, wird zuschanden.

(Ps 22,15a; Jes 38,10; Ps 25,2b–3a)

L: Herr Jesus Christus, du hast ausgelitten.
Aber selbst im Tod neigst du dich einer Welt zu,
die dich ablehnt.
So erinnerst du uns an Gott,
der sich uns immer wieder zuwendet,
trotz unserer Verstocktheit und Schuld.
Du kommst auf uns zu, wir weichen dir aus,
wir lieben die Finsternis mehr als das Licht, das du bist.
Du stirbst, damit wir leben.

L: Gekreuzigter Erlöser!
A: Erbarme dich über uns und über die ganze Welt!

XIV. Jesu Leichnam wird ins Grab gelegt

S: Während mit diesem Leichnam auch alle Hoffnung
begraben wird,
steht eine große Wolke über dem morgendlichen Himmel,
das Zeichen der Nähe Gottes.
Noch ist diese Wolke für uns dunkel und rätselhaft,
weil wir Gottes Tun nicht verstanden haben.
Erst wenn wir den Leidensweg Jesu nachgehen,
begreifen wir seinen Willen,

Kreuzweg

der eins ist mit dem Willen des Vaters.
Und wir sehen Jesus zur Rechten seines Vaters sitzen,
erhöht in Herrlichkeit.

L: Wir beten dich an, Herr Jesus Christus, und preisen dich.
A: Denn durch dein heiliges Kreuz hast du die Welt erlöst.

S: Ich habe den Herrn beständig vor Augen.
Er steht mir zur Rechten, ich wanke nicht.
Auch mein Leib wird wohnen in Sicherheit,
denn du gibst mich nicht der Unterwelt preis.
Du zeigst mir den Pfad zum Leben.

(Vgl. Ps 16,8–11)

L: Herr Jesus Christus,
du hast verloren
und bist mit deinem Werk gescheitert.
Was übrig bleibt, ist dein ausgebluteter Leichnam,
der nun zu Grabe getragen wird.
Doch nach göttlichem Willen ist dies nicht das letzte Wort.
Noch ist verborgen, was in deiner Auferstehung aufleuchtet.
Aus deinem Opfer erwächst unserer vom Tod gezeichneten
Welt neues, unzerstörbares Leben.
Durch das Kreuz kam Freude in alle Welt.

L: Gekreuzigter Erlöser!
A: Erbarme dich über uns und über die ganze Welt!

Gebet

L: Jesus Christus, unser Bruder und Herr,
du hast dich erniedrigt bis zum Tod am Kreuz.
Du hast Verachtung, Unrecht
und Schmerzen auf dich genommen.
So bist du uns nahe gekommen.

Auch wenn wir leiden,
bist du gegenwärtig.

Steh allen bei,
die schwer tragen an der Last ihres Lebens,
an dem, was darin zerbrochen ist,
an Unrecht – dem eigenen und dem fremden,
an Krankheit und am Sterben.

**Tröste durch deine Nähe,
heile und befreie
durch die Kraft deines Todes und deiner Auferstehung.
Behüte uns bis ans Ende
und führe uns zu einem neuen Leben in der Ewigkeit.**
A: **Amen.**

Modell 2: Passionsandacht zum Kreuzweg

III. Verlauf

SAMMELN
Musik/Gesang
Gruß und Einführung
Gesang
(Psalm)

HÖREN – BETRACHTEN – ANTWORTEN
Lesung(en) zu ausgewählten Leidensstationen
Predigt/Bildbetrachtung
(Gesang)

SENDEN – SEGNEN
Gebet
Vaterunser
Segen
Musik/Gesang

IV. Texte und Gesänge

Gruß[21] und Einführung

L: **Im Namen Gottes, des Vaters und des Sohnes und des Heiligen Geistes.**
A: **Amen**
L: **Unser Herr Jesus Christus, der uns durch Leiden und Kreuz erlöst hat, sei mit euch.**
A: **Und mit deinem Geist.**

L: **Wir schauen auf den Leidensweg Jesu. Er wird gefangen genommen. (Er wird von Pilatus zum Tod verurteilt. / Er wird verspottet. ...)**

---

[21] Siehe oben Anm. 2.

Lieder/Gesänge

Bleibet hier und wachet mit mir (EG.B 700, GL 286, KG 421, RG 294, UW 208/209)
Du schweigst, Herr, da der Richter feige (KG 392)
Ein Lämmlein geht und trägt die Schuld (EG 83)
Fürwahr, er trug unsre Krankheit (KAA 0144)
Gott, mein Gott, warum hast du mich verlassen (EG 381, KG 187, RG 13)
Holz auf Jesu Schulter (EG 97, GL 291, KG 393, RG 451, UW 94)
Ich suchte den Herrn (GL 651,3–4) Ps 34
Ich will, solang ich lebe (EG 276) Ps 34
Im Dunkel unserer Nacht (RG 705 [vgl. KG 188 frz. T])
Lob sei dem Herrn, Ruhm seinem Namen (KG 139) Ps 34
Loben wollen wir und ehren (KAA 0145)
Mein Gott, mein Gott, warum verlässt du mich (RG 14) Ps 22
Wer leben will wie Gott auf dieser Erde (EG.B 553, GL 460, KG 202, UW 52)

Psalm

EÜ:	LB:
Mein Gott, mein Gott, warum hast du mich verlassen, bist fern meinem Schreien, den Worten meiner Klage? Mein Gott, ich rufe bei Tag, doch du gibst keine Antwort; ich rufe bei Nacht und finde doch keine Ruhe. Aber du bist heilig, du thronst über dem Lobpreis Israels. Sei mir nicht fern, denn die Not ist nahe und niemand ist da, der hilft. Du aber, Herr, halte dich nicht fern! Du, meine Stärke, eil mir zu Hilfe! *(Ps 22,2–4.12.20)*	Mein Gott, mein Gott, warum hast du mich verlassen? Ich schreie, aber meine Hilfe ist ferne. Mein Gott, des Tages rufe ich, doch antwortest du nicht, und des Nachts, doch finde ich keine Ruhe. Du aber bist heilig, der du thronst über den Lobgesängen Israels. Sei nicht ferne von mir, denn Angst ist nahe; denn es ist hier kein Helfer. Aber du, Herr, sei nicht ferne; meine Stärke, eile, mir zu helfen! *(Ps 22,2–4.12.20)*

Oder:

LB:	EÜ:
Wenn die Gerechten schreien, so hört der Herr und errettet sie aus all ihrer Not. Der Herr ist nahe denen, die zerbrochenen Herzens sind, und hilft denen, die ein zerschlagenes Gemüt haben. Der Gerechte muss viel erleiden, aber aus alledem hilft ihm der Herr. Der Herr erlöst das Leben seiner Knechte, und alle, die auf ihn trauen, werden frei von Schuld. *(Ps 34,18–20.23)*	Schreien die Gerechten, so hört sie der Herr; er entreißt sie all ihren Ängsten. Nahe ist der Herr den zerbrochenen Herzen, er hilft denen auf, die zerknirscht sind. Der Gerechte muss viel leiden, doch allem wird der Herr ihn entreißen. Der Herr erlöst seine Knechte; straflos bleibt, wer zu ihm sich flüchtet. *(Ps 34,18–20.23)*

Lesung

Passend zu den jeweiligen Leidensstationen, die betrachtet werden sollen, werden Lesungstexte ausgewählt.

Der Beschluss des Hohen Rates (Mt 26,1–5; Mk 14,1 f.; Lk 22,1 f.)
Jesus wird gesalbt (Mt 26,6–13; Mk 14,3–9; Lk 7,36–50; Joh 12,1–8)
Der Verrat des Judas (Mt 26,14–16; Mk 14,10 f.; Lk 22,3–6)
Die Vorbereitung des Passamahls (Mt 26,17–19; Mk 14,12–16; Lk 22,7–13)
Das Mahl (Mt 26,20–29; Mk 14,17–25; Lk 22,14–23)
Der Gang zum Ölberg (Mt 26,30–35; Mk 14,26–31)
Die Stunde der Entscheidung (Lk 22,35–38)
Das Gebet in Getsemane (Mt 26,36–46; Mk 14,32–42; Lk 22,39–46)
Die Gefangennahme (Mt 26,47–56; Mk 14,43–52; Lk 22,47–53; Joh 18,1–11)
Die Verspottung durch die Wächter (Lk 22,63–65)
Das Verhör vor dem hohen Rat (Mt 26,57–68; Mk 14,53–65; Lk 22,66–71; Joh 18,12–27)
Die Verleugnung durch Petrus (Mt 26,69–75; Mk 14,66–72; Lk 22,54–62; Joh 18,15–18)
Die Auslieferung an Pilatus (Mt 27,1 f., Lk 23,1–5)
Die Verhandlung vor Pilatus (Mt 27,11–26; Mk 15,1–15; Lk 23,13–25; Joh 18,28 – 19,16a)
Die Verspottung Jesu durch die Soldaten (Mt 27,27–31a; Mk 15,16–20a; Joh 19,2 f.)

Die Kreuzigung (Mt 27,31b–44; Mk 15,20b–32; Lk 23,26–43; Joh 19,16b–30)
Der Tod Jesu (Mt 27,45–56; Mk 15,33–41; Lk 23,44–49)
Das Begräbnis Jesu (Mt 27,57–61; Mk 15,42–47; Lk 23,50–56; Joh 19,31–42)
Die Bewachung des Grabes (Mt 27,62–66)

Gebet

L: Gott, wir haben viel Leid betrachtet.
Wir bitten dich:
Stärke alle Leidenden durch das Betrachten des Kreuzes.
A: Wir bitten dich, erhöre uns.
S: Mancher trägt an der Last seines Leidens so schwer, dass er zusammenbricht. Richte du die Mühseligen und Beladenen auf.
A: Wir bitten dich, erhöre uns.
S: Mancher steht voller Trauer am Grab eines lieben Menschen. Schenke du den Trost,
der über das Leben hinausreicht in deine Ewigkeit.
A: Wir bitten dich, erhöre uns.
L: Gott lindere die Not und öffne uns immer neu den Blick für diejenigen, die uns brauchen. Lass uns Mitbewohner deines Reiches sein, durch Jesus Christus, unseren Herrn.
A: Amen.

Segen[22]

L: Wenn der Boden unter unseren Füßen schwankt,
dann reiche uns die Hand, Gott, und halte uns fest.
Wenn wir keinen Boden mehr unter den Füßen haben,
dann stelle du, Gott, uns wieder auf festen Grund.
Wenn die Erde sich auftut, uns zu verschlingen,
dann bewahre du, Gott, uns in deiner Liebe.
Es segne und behüte euch
der allmächtige und barmherzige Gott,
der Vater und der Sohn und der Heilige Geist.
A: Amen.

---

[22] Siehe oben Anm. 3.

Passionsandacht zum Kreuzweg

Anregungstexte[23]

1.
wann
wenn nicht
um die neunte stunde
als er schrie
sind wir ihm wie aus dem gesicht geschnitten
nur seinen schrei
nehmen wir ihm noch ab
und verstärken ihn
in aller mund
(Eva Zeller)

2.
Links und rechts ein Dieb
In der Mitte der ist der Kaiser.
Was ist das für ein Wegweiser?
Mann mit dem Stacheldraht?

Mit Stacheldrahtstreifen im Haar,
und sein Atem wird schon leiser.
Was ist das für ein Wegweiser
Oben auf meinem Berg?

Oben auf meinem Berg
Mit des Blutes rostigen Resten?
Und er zeigt nach Osten und Westen
und zeigt keine Ortschaft an.

Kein Wort zeigt Orte an,
außer wenn das ein Wort ist,
wenn dieses INRI ein Ort ist,
an den man kommen kann?
(Erich Fried)

---

[23] Siehe auch Passionsandacht.

Andacht zum Jahreswechsel[24]

I. Vorbemerkungen

Zum mitternächtlichen Jahreswechsel werden mitunter kurze Gottesdienste ökumenisch gefeiert. Dieser Termin bietet sich an, da sich für den so genannten Silvester- oder Altjahresabend bereits verschiedene Traditionen herausgebildet haben: in der evangelischen Kirche häufig ein Beicht- und/oder Abendmahlsgottesdienst zum Jahresabschluss, in der katholischen Kirche vielfach eine Eucharistiefeier am Vorabend des Hochfestes der Gottesmutter oder eine Jahresschlussandacht. Elemente des folgenden Modells eignen sich auch für eine Jahresschlussandacht am Abend des 31. Dezember.

II. Hinweise

Diese Andacht zum Jahreswechsel verbindet den Rückblick auf das vergangene Jahr mit dem, was einzelne Gottesdienstteilnehmer und -teilnehmerinnen im Blick auf die Zukunft erwarten. Auf ausreichende Zeiten der Stille und Besinnung ist zu achten.

Je nach Auswahl der Elemente sollte der Beginn der Feier so gelegt werden, dass der Gottesdienst gegen Mitternacht mit dem Segen endet.

III. Verlauf

> SAMMELN
> Musik/Gesang
> Gruß und Einführung
> Christusanrufung
> Gebet
>
> HÖREN – BETRACHTEN – ANTWORTEN
> Lesung mit Hinführung
> Betrachtung
> Antworten

---

[24] Das Modell beruht auf einem Entwurf von Barbara John, Ochsenhausen.

Senden – Segnen
Fürbitten
Vaterunser
Sendung/Segen/Entlassung
Musik/Gesang

IV. Texte und Gesänge

Gesang

Der du die Zeit in Händen hast (Frankfurt, GL 257, KG 355, RG 554)
Der du die Zeit in Händen hast (Reda, EG 64)
Lobpreiset all zu dieser Zeit (GL 258, KAA 0143, KG 356, RG 551)
Nun lasst uns gehn und treten (EG 58, RG 548)

Gruß[25] und Einführung

L: **Im Namen Gottes, des Vaters und des Sohnes und des Heiligen Geistes.**
A: **Amen.**
L: **Der Herr, Jesus Christus, der die Zeit in Händen hält, er sei mit euch.**
A: **Und mit deinem Geist.**

---

[25] Siehe oben Anm. 2.

L: Liebe Schwestern und Brüder.
In den letzten Tagen eines Jahres jagen sich in den Medien die Jahresrückblicke. Die so genannten wichtigsten Ereignisse werden uns noch einmal vor Augen geführt.
Auch der persönliche Rückblick gehört für die meisten Menschen zum Jahreswechsel dazu. Wir halten inne, halten quasi die Zeit an, um nochmals auf das zu sehen, was im vergehenden Jahr geschehen ist.
Manche von uns haben ihre ganz eigenen Rituale, in der Zeit zwischen Weihnachten und Neujahr das alte Jahr zu betrachten und zu verabschieden – sie kleben Fotos ein, übertragen die Geburtstage ihrer Lieben in den neuen Kalender und lassen mit Hilfe des alten Terminkalenders das Jahr nochmals Revue passieren.
Wir haben uns versammelt, um für einige Zeit gemeinsam anzuhalten, auf das vergehende Jahr zurückzublicken und hoffnungsvoll auf das kommende zu schauen. Wir tun es gemeinsam im Angesicht dessen, der unsere Zeit in Händen hält, der uns Jahr und Tag geschenkt hat, der mit uns geht und auch jetzt in unserer Mitte ist:

Oder:

Ein Jahr geht zu Ende.
Der eine oder die andere wird sagen können: Es war ein gutes Jahr, eine gute Zeit – zumindest im Großen und Ganzen.
Andere werden vielleicht heute sagen: Es war ein schwieriges Jahr, sogar ein schlimmes, geprägt von einer großen Krise oder von vielen Problemen, die zusammen kamen.
Für die meisten von uns war es vermutlich eine Mischung aus beidem – aus guten und schwierigen Tagen.
Und mit der Grundstimmung, die wir aus dem alten Jahr mitbringen, schauen wir auf das kommende. Was wird das neue Jahr uns bringen? Wird es besser – wird es schlechter?
Keiner von uns kann vorhersehen, was kommt.
An der Schwelle zum neuen Jahr sagt uns Jesus zu: „Ich bin bei euch alle Tage bis zum Ende der Welt" *(Mt 28,20)*. Deshalb rufen wir zum Herrn in unserer Mitte:

Christusanrufung

Du bist der Weg und die Wahrheit und das Leben (KAA 044)
Herr Jesus, du Sohn des ewigen Vaters (KG 60.2)
Herr Jesus, Sohn des lebendigen Gottes (GL 163.3)
Sonne der Gerechtigkeit (Böhmen/Nürnberg, EG 262, GL 481, UW 133)
Str 1.6–7
Sonne der Gerechtigkeit (Böhmen/Weiße, KG 509, RG 795) Str 1.6–7

Gebet

Gott, du bist ohne Anfang und ohne Ende.
Alles, was ist, kommt von dir.
In deine Hände legen wir das vergangene Jahr.
Dir weihen wir die Wochen und Monate, die vor uns liegen.
Schenke uns, was wir zum Leben brauchen,
segne unsere Tage,
und mache uns reich an guten Werken.
Darum bitten wir durch Jesus Christus, unseren Herrn.

(Vgl. MB 1088)

Oder:
Gott, du gibst und bewahrst Leben.
Heute schauen wir voll Dankbarkeit auf erfahrene Bewahrung,
voll Trauer auf Verlorenes und Zerbrochenes,
voll Freude auf Schönes und Gelungenes.

Oder:
Gott meines Lebens

Du
gibst mir
vierundzwanzig Stunden
täglich.

Du
schenkst mir
dreihundertfünfundsechzig Tage
im Jahr.

**Du
lässt mich
leben
von Kindesbeinen
bis ins hohe Alter.**

**Du
der du
mit meinem Leben
so viel zu tun hast:
Hab mich
im Auge
Tag für Tag
Jahr für Jahr
vom ersten Schrei
bis zum letzten Atemzug.**

**Du Gott des Lebens
meines Lebens.**

(Werner Schaube)

Lesung

In Gottes Händen geborgen (Ps 31,2–9.16)
Zu verkünden das Gnadenjahr des Herrn (Lk 4,16–20)
Im Anfang war das Wort (Joh 1,1–18)
Nichts kann uns scheiden von der Liebe Gottes (Röm 8,31b–39)
Ich vermag alles durch Christus (Phil 4,10–13)

Gesang

Ausgang und Eingang (Kanon à 4 – EG 175, GL 85, KG 146, RG 345, UW 99)
Bewahre uns, Gott, behüte uns, Gott (EG 171, GL 453, RG 346, UW 232)
Der du die Zeit in Händen hast (Frankfurt, GL 257, KG 355, RG 554)
Der du die Zeit in Händen hast (Reda, EG 64)
Der Herr wird dich mit seiner Güte segnen (GL 452)
Kleines Senfkorn Hoffnung, mir umsonst geschenkt (UW 59)
Nun danket all und bringet Ehr (EG 322, GL 403, KG 518, RG 235)
Nun danket alle Gott (EG 321, GL 405, KG 236, RG 233, UW 78)
Segne und behüte (KAA 0113)
Unsern Ausgang segne Gott (EG 163, RG 344)
Wenn wir jetzt weitergehen (EG 168 [Str 4–6], KG 150, RG 347)

Andacht zum Jahreswechsel

Fürbitten

L: **Lasst uns beten:**
Herr, unser Gott,
am Ende dieses Jahres stehen wir vor dir.
Wir denken an das, was sich in diesem Jahr ereignet hat,
was sich bewegt hat –
in unserem Leben, in unseren Familien,
aber auch in unseren Gemeinden, in unserer Stadt,
in unserer ganzen Welt.
Herr, wir legen dieses Jahr zurück in deine Hände.
So ist es geworden.

K/A: **Der Herr krönt das Jahr mit seinem Segen.** *(GL 45.1)*

Oder:
K/A: **Verleih uns Frieden gnädiglich** *(EG 421 I, GL 475, KG 589, RG 332)*

Oder:
K/A: **Was Gott tut, das ist wohlgetan** *(EG 372, GL 416, RG 684)*

L: **Wir danken dir für alles, was uns an Gutem widerfahren ist,**
was wir an Güte und Menschenfreundlichkeit erlebt und gesehen haben.
Wir danken dir für unsere Lieben, für jede Hilfe,
für jedes Lachen, jeden glücklichen Moment,
jede erfüllte Minute.
Wir danken dir, Herr für alles, was gelungen ist im alten Jahr,
für große und kleine Schritte, die möglich waren.

K/A: **Kehrvers**

L: **Wir bitten dich:**
Nimm an, was nicht gelungen ist,
unser Versagen, unsere Enge, unsere Grenzen,
vergib uns unsere Schuld
und hilf uns neu beginnen.

K/A: **Kehrvers**

L: **Halte in uns die Hoffnung wach**
und gib uns die Kraft zur Tat –
zum liebevollen Handeln am Mitmenschen
zur Solidarität mit denen, die unsere Hilfe brauchen.

K/A: **Kehrvers**

L: Sei an diesem Abend besonders bei denen,
die ein schweres Jahr hinter sich haben,
weil sie einen geliebten Menschen verloren haben,
weil sie krank geworden sind,
weil sie ihre Arbeit verloren haben.
Lass sie spüren, dass du ihnen nahe bist.

K/A: Kehrvers

L: Herr, du hältst unsere Zeit in Händen.
Leite und begleite uns durchs neue Jahr mit deinem Segen.
Darum bitten wir dich,
der du lebst und Leben gibst
von Ewigkeit zu Ewigkeit.

A: Amen.

L: Mit den Worten, die Jesus Christus uns gelehrt hat,
wenden wir uns an Gott, unseren Vater:

A: Vater unser …

Segen[26]

L: Gott segne deine Wege im neuen Jahr.
Er ist der Boden unter deinen Füßen – er wird dich tragen,
er ist die Luft, die dich umgibt – er lässt dich atmen,
er ist die Sonne auf deinem Gesicht – er wird dich wärmen.
Gott segne deine Wege im neuen Jahr,
er bewahre und beschütze dich und die Deinen
und führe dich auf seinen Wegen.

So segne euch der dreieinige Gott,
der Vater und der Sohn und der Heilige Geist.

A: Amen.

---

[26] Siehe oben Anm. 3.

Gesang

Dir, Gott, ist nichts verborgen (KG 528, RG 96)
Herr, dir ist nichts verborgen (GL 428) Ps 139
Nun lasst uns gehn und treten (EG 58, RG 548)
Vertraut den neuen Wegen (EG 395, RG 843, UW 269)
Von guten Mächten treu und still umgeben (Abel, EG 65 I, RG 550 [353])
Von guten Mächten treu und still umgeben (Fietz, EG.B 637)
Von guten Mächten treu und still umgeben (Grahl, GL 430, UW 101)
Wo Menschen sich vergessen (KAA 075, UW 109)

Anregungstexte

1.
Nichts bleibt wie es ist
Ich träume mich satt
an Geschichten
und Geheimnissen
Unendlicher Kreis aus Sternen
ich frage sie
nach Ursprung Sinn und Ziel
sie schweigen mich weg
Den Orten die ich besuche
gebe ich neue Namen
nach den Wundern
die sie mir offenbaren

Nichts bleibt wie es ist
es wandelt sich
und mich
(Rose Ausländer)

2.
Nicht müde werden
sondern dem Wunder
leise
wie einem Vogel
die Hand hinhalten
(Hilde Domin)

Dankandacht

I. Vorbemerkungen

Der Dank an Gott ist eine der zentralen Glaubensäußerungen. Neben konfessionell geprägten Dankandachten (z. B. zur Erstkommunion oder Konfirmation) gibt es auch Anlässe, die sich für ökumenische Dankandachten eignen, wie z. B. das Erntedankfest. Auch andere Ereignisse können Christen beider Konfessionen zu einem gemeinsamen Dankgottesdienst zusammenführen, beispielsweise bei der Rettung einer Gruppe nach einem Unglück oder nach der Verhinderung der Schließung eines Betriebes, bei dem viele Menschen arbeiten. Oft sind es aber auch biografische Anlässe, die zu einer ökumenischen Dankfeier führen.

Das vorliegende Modell einer Dankandacht ist eine Feier der Gemeinde, die Gott dankt für das Gute, das ihr widerfahren ist. Der Anlass des Dankes soll in der Einführung genannt werden.

II. Hinweise zur Gestaltung

Im Gegensatz zum Dankgottesdienst, dessen Schwerpunkt auf der Verkündigung liegt, setzt die Dankandacht den Hauptakzent auf das Gebet. Im Wechselgebet wendet sich die Gemeinde gemeinsam an Gott; Gebetsimpulse wollen Anregungen für das persönliche Gebet jedes Einzelnen geben. Nach dem Impuls wird eine Zeit der Stille gehalten, die durch einen Antwortruf beschlossen werden kann.

Zu Beginn kann ein feierlicher Einzug (mit Kerzen) gehalten werden, bei dem Gegenstände/Symbole mitgetragen werden können, die Dankmotive veranschaulichen.

Wegen der Unterschiedlichkeit der Situationen können die Texte nur als Vorschläge verstanden werden, die entsprechend angepasst werden müssen.

Dankandacht

III. Verlauf

SAMMELN
Musik/Gesang
Gruß und Einführung
(Gesang)
Wechselgebet

HÖREN – BETRACHTEN – ANTWORTEN
Lesung
Psalm
Gebetsimpulse
Vaterunser

SENDEN – SEGNEN
Segen
Musik/Gesang

IV. Texte und Gesänge

Eröffnung

L: **Im Namen des Vaters und des Sohnes und des Heiligen Geistes.**
A: **Amen.**
L: **„Wer im Schutz des Höchsten wohnt und ruht im Schatten des Allmächtigen, der sagt zum Herrn: Du bist für mich Zuflucht und Burg, mein Gott, dem ich vertraue." (Ps 91,1 f.). Voll Vertrauen und Dank wenden wir uns an Gott. Wir danken ihm für …**

Gesang

Aller Augen warten auf dich, Herre (Schütz, EG 461, RG 97, UW 88) Ps 145
Aller Augen warten auf dich (Quast, GL 87)
Am Morgen will ich singen (RG 50) Ps 92
Das ist ein köstlich Ding, dem Herren danken (EG 285, RG 51) Ps 92
Es wolle Gott uns gnädig sein (EG 280, RG 43) Ps 67
Ich suchte den Herrn (GL 651,3–4) Ps 34
Ich will, solang ich lebe (EG 276) Ps 34

Jauchzt, alle Lande, Gott zu Ehren (EG 279) Ps 66
Jauchzt, alle Völker, preiset alle (RG 41) Ps 66
Lob sei dem Herrn, Ruhm seinem Namen (KG 139) Ps 34
Ich lobe meinen Gott von ganzem Herzen (EG 272, GL 400, KAA 02, RG 8, UW 252) Ps 9
Lobe den Herren, den mächtigen König der Ehren (EG 316, GL 392, KG 524, RG 242, UW 260)
Lobe den Herrn, meine Seele (KAA 010)
Lobet den Herren, denn er ist sehr freundlich (EG 304) Ps 147
Lobet und preiset, ihr Völker, den Herrn (Kanon à 3 – EG 337, GL 408, KG 537, RG 42)
Nun singt ein neues Lied dem Herren (GL 551, KG 522) Ps 98
Singt Halleluja, singt dem Herrn (RG 68) Ps 113
Singt, singt dem Herren neue Lieder (EG 286, RG 55) Ps 98
Vom Aufgang der Sonne bis zu ihrem Niedergang (Kanon à 4 – EG 456, GL 415, KG 676, RG 69, UW 203)
Wie groß sind deine Werke, o Herr (GL 51) Ps 92
Wo wir dich loben, wachsen neue Lieder (KAA 013)

Wechselgebet

S: **Kommt, lasst uns danken dem Herrn, ihn loben für seine Güte.**
A: **Kommt, lasst uns danken dem Herrn, ihn loben für seine Güte.**
S: **Ich will dir danken aus ganzem Herzen,
dir vor den Engeln singen und spielen.
Deinem Namen will ich danken für deine Huld und Treue.**
A: **Kommt, lasst uns danken dem Herrn, ihn loben für seine Güte.**
S: **Danken sollen dir, Herr, all deine Werke,
deine Frommen dich preisen.
Sie sollen von der Herrlichkeit deines Königtums sprechen,
sollen reden von deiner Macht.**
A: **Kommt, lasst uns danken dem Herrn, ihn loben für seine Güte.**
L: **Gott, du Urheber alles Guten,
was wir sind und haben, kommt von dir.
Nimm den Dank entgegen, den wir heute dir weihen,
und schenke uns ein freudiges Herz,
damit wir mit ganzer Hingabe dir dienen.**
A: **Amen.** *(GL 1975, 788)*

Dankandacht

Oder:
L: **Lobe den Herrn, meine Seele,**
A: **und was in mir ist, seinen heiligen Namen**
L: **Lobe den Herrn, meine Seele**
A: **und vergiss nicht, was er dir Gutes getan hat:**
L: **der dir alle deine Sünde vergibt**
A: **und heilt alle deine Gebrechen,**
L: **der dein Leben vom Verderben erlöst,**
A: **der dich krönt mit Gnade und Barmherzigkeit.**
L: **Lobe den Herrn meine Seele.** *(Ps 103,1-4; EÜ: GL 1975, 742,3)*

Lesung

Bittet, dann wird euch gegeben (Mt 7,7–11)
Wir werden mit Jesus auferweckt (2 Kor 4,14–18)
Singt zum Lob des Herrn (Eph 5,15–20)
Ihr seid von Gott geliebt (Kol 3,12–17)

Psalm

EÜ:
Ich will den Herrn allezeit preisen;
immer sei sein Lob in meinem Mund.
 Meine Seele rühme sich des Herrn;
 die Armen sollen es hören und sich
 freuen.
Verherrlicht mit mir den Herrn,
lasst uns gemeinsam seinen Namen
rühmen.
 Ich suchte den Herrn und er hat
 mich erhört,
 er hat mich all meinen Ängsten
 entrissen.
Blickt auf zu ihm, so wird euer Gesicht leuchten
und ihr braucht nicht zu erröten.
 Da ist ein Armer; er rief und der
 Herr erhörte ihn;
 Er half ihm aus all seinen Nöten.
Der Engel des Herrn umschirmt alle,
die ihn fürchten und ehren,
und er befreit sie.

LB:
Ich will den Herrn loben allezeit;
sein Lob soll immerdar in meinem
Munde sein.
 Meine Seele soll sich rühmen des
 Herrn,
 dass es die Elenden hören und sich
 freuen.
Preiset mit mir den Herrn
und lasst uns miteinander seinen
Namen erhöhen!
 Als ich den Herrn suchte, antwortete er mir
 und errettete mich aus aller meiner
 Furcht.
Die auf ihn sehen, werden strahlen
vor Freude,
und ihr Angesicht soll nicht schamrot werden.
 Als einer im Elend rief, hörte der
 Herr
 und half ihm aus allen seinen
 Nöten.

Kostet und seht, wie gütig der Herr
ist;
  wohl dem, der zu ihm sich flüchtet!
Fürchtet den Herrn, ihr seine
Heiligen;
  denn wer ihn fürchtet, leidet keinen
Mangel.
Reiche müssen darben und hungern;
  wer aber den Herrn sucht, braucht
kein Gut zu entbehren.
Kommt, ihr Kinder, hört mir zu!
Ich will euch in der Furcht des Herrn
unterweisen.
Wer ist der Mensch, der das Leben
liebt
  und gute Tage zu sehen wünscht?
Bewahre deine Zunge vor Bösem
und deine Lippen vor falscher Rede!
  Meide das Böse und tu das Gute;
  suche Frieden und jage ihm nach!
(Ps 34,2–15, s. GL 723.4)

Der Engel des Herrn lagert sich um
die her, die ihn fürchten,
und hilft ihnen heraus.
  Schmecket und sehet, wie freundlich der Herr ist.
  Wohl dem, der auf ihn trauet!
Fürchtet den Herrn, ihr seine
Heiligen!
Denn die ihn fürchten, haben keinen
Mangel.
  Reiche müssen darben und hungern;
  aber die den Herrn suchen, haben
keinen Mangel an irgendeinem
Gut.
Kommt her, ihr Kinder, höret mir zu!
Ich will euch die Furcht des Herrn
lehren.
  Wer möchte gern gut leben
  und schöne Tage sehen?
Behüte deine Zunge vor Bösem
und deine Lippen, dass sie nicht Trug
reden.
  Lass ab vom Bösen und tu Gutes;
  suche Frieden und jage ihm nach!
(Ps 34,2–15, s. GL 651.4 +[39.2])

Oder:

EÜ:
Gott sei uns gnädig und segne uns.
Er lasse über uns sein Angesicht
leuchten,
  damit auf Erden sein Weg erkannt
wird
  und unter allen Völkern sein Heil.
Die Völker sollen dir danken, o Gott,
danken sollen dir die Völker alle.
  Die Nationen sollen sich freuen
  und jubeln.
  Denn du richtest den Erdkreis gerecht.
Du richtest die Völker nach Recht
und regierst die Nationen auf Erden.

LB:
Gott sei uns gnädig und segne uns,
er lasse uns sein Antlitz leuchten,
  dass man auf Erden erkenne seinen
Weg,
  unter allen Heiden sein Heil.
Es danken dir, Gott, die Völker,
es danken dir alle Völker.
  Die Völker freuen sich und jauchzen,
  dass du die Menschen recht richtest
und regierst die Völker auf Erden.
Es danken dir, Gott, die Völker,
es danken dir alle Völker.
  Das Land gibt sein Gewächs;
  es segne uns Gott, unser Gott!

Dankandacht

Die Völker sollen dir danken,
o Gott,
danken sollen dir die Völker alle.
Das Land gab seinen Ertrag.
Es segne uns Gott, unser Gott.
Es segne uns Gott.
Alle Welt fürchte und ehre ihn.
(Ps 67,2–8, s. GL 46.2, KG 618.1)

Es segne uns Gott,
und alle Welt fürchte ihn!
(Ps 67,2–8)

Oder:

EÜ:
Wie schön ist es, dem Herrn zu danken,
deinem Namen, du Höchster, zu singen,
    am Morgen deine Huld zu verkünden
    und in den Nächten deine Treue
zur zehnsaitigen Laute, zur Harfe,
zum Klang der Zither.
    Denn du hast mich durch deine
    Taten froh gemacht;
    Herr, ich will jubeln über die Werke
    deiner Hände.
Wie groß sind deine Werke, o Herr,
wie tief deine Gedanken!
(Ps 92,2–6, s. GL 51.2, KG 621.1)

LB:
Das ist ein köstlich Ding, dem Herrn danken
und lobsingen deinem Namen, du Höchster,
    des Morgens deine Gnade
    und des Nachts deine Wahrheit
    verkündigen
auf dem Psalter mit zehn Saiten,
mit Spielen auf der Harfe.
    Denn, Herr, du lässest mich fröhlich singen von deinen Werken,
    und ich rühme die Taten deiner Hände.
Herr, wie sind deine Werke so groß!
Deine Gedanken sind sehr tief.
(Ps 92,2–6, s. GL 51.2, KG 621.1)

Oder:
Ps 111 (EG 744, GL 60.2, KG 271.1, RG 131)
Ps 113 (EG 745, GL 62.2, KG 280.1, RG 132)
Ps 145,1.3–4.8.13–16.18–19 (EG 756)
Ps 145,1–13b (GL 76.2, KG 634.1)
Ps 145,1–9.13b–18.21 (GL 76.2, RG 583)
Ps 145,13c–21(GL 76.2, KG 635.1)
Ps 147 (GL 760.2, KG 488.1)

Gesang

Danket, danket dem Herrn (Kanon à 4 – EG 336, GL 406, RG 93, UW 73)
Danket dem Herrn! Wir danken dem Herrn (EG 333)
Gott, dir sei Dank gebracht (KAA 01)
Großer Gott, wir loben dich (EG 331, GL 380, KG 175, RG 247)

Nun danket alle Gott (EG 321, GL 405, KG 236, RG 233, UW 78)
Nun lasst uns Gott, dem Herren (EG 320, RG 631)
Verleih uns Frieden gnädiglich (Luther, EG 421 i; GL 475, KG 589, RG 332)
Verleih uns Frieden gnädiglich (Nagel, UW 268)

Gebet

L: Wir danken dir, Gott,
für alle heilenden Begegnungen, die uns geschenkt wurden,
für gute Worte, die uns heute gesagt wurden,
für Glaubensgemeinschaften, in denen wir zu Hause sind,
für alles, was uns heute Freude bereitet hat,
für Orte der Ruhe und Zeichen der Stille.

(Nach: UW 18)

Oder:

L: Du bist unser Gott, wir danken dir.
Aus deiner Hand nehmen wir, was du uns schenkst.
Wir danken dir für ... (Wir danken dir, dass du ...)
Du bist gnädig, barmherzig und von großer Güte.
Du rettest Leben aus dem Tod und machst unsere Zukunft hell.
Voll Freude sind wir deine Töchter und Söhne und rufen zu dir:
Vater unser ...

Segen[27]

L: Es segne und behüte euch
der allmächtige und barmherzige Gott,
der Vater und der Sohn und der Heilige Geist.
A: Amen.

Oder:

L: Gesegnet seid ihr, die ihr euch auf Gott verlasst
und eure Zuversicht auf Gott setzt.
Ihr seid wie ein am Wasser gepflanzter Baum,
der seine Wurzeln zum Gewässer streckt.

---

[27] Siehe oben Anm. 3.

Dankandacht

**Wenn Hitze kommt, fürchtet ihr euch nicht,
eure Blätter bleiben grün.
Ihr sorgt euch nicht, wenn ein dürres Jahr kommt,
ihr bringt weiter Frucht.
Gesegnet seid ihr.
Geht hin im Frieden.**

A: **Amen.**

Gesang

Ein Danklied sei dem Herrn (GL 382, UW 65)
Lob, Anbetung, Ruhm und Ehre (KAA 04)
Nun danket alle Gott (EG 321, GL 405, KG 236, RG 233, UW 78)
Nun saget Dank und lobt den Herren (EG 294, GL 385, KG 440, RG 75)
Ps 118

Sendung

L: **Geht mit Freude und Dank und verkündet die Güte des Herrn.**
A: **Dank sei Gott, dem Herrn.**

Anregungstexte:

1.
Wir können Gott nichts anderes geben als Lob und Dank, zumal wir alles andere von ihm empfangen, es sei Gnade, Wort, Werk, Evangelium, Glaube und alle Dinge. Das ist auch der einzige, rechte, christliche Gottesdienst: Loben und Danken.
(Martin Luther)

2.
Im normalen Leben wird es einem gar nicht bewusst, dass der Mensch unendlich mehr empfängt, als er gibt, und dass Dankbarkeit das Leben erst reich macht.
(Dietrich Bonhoeffer)

3.
Die Seele nährt sich von dem, woran sie sich freut.
(Augustinus)

Bittandacht

I. Vorbemerkungen

Für Bittandachten gibt es vielfältige Anlässe. An traditionsgeprägten Bitttagen, die kirchenübergreifend oder auch einer spezifischen Lokaltradition verpflichtet gefeiert werden, sind die Inhalte oft vorgegeben (z. B. Buß- und Bettag, Quatembertage). Bei unvermittelt auftretenden bedrängenden Ereignissen wird mitunter zu einem ökumenischen Bittgottesdienst eingeladen. Jede Form menschlicher Not kann in gemeinsamer Bitte vor Gott gebracht werden. Angemessen sind deshalb ökumenische Bittandachten bei Naturkatastrophen, bei Unglücksfällen, bei kriegerischen Auseinandersetzungen, bei Bedrohung von Mensch und Natur, bei Verbrechen oder in schwierigen politischen oder gefahrvollen Situationen. Oft ergibt sich der Anlass für eine Bittandacht auch nur für eine ganz bestimmte Menschengruppe, die vor einer besonderen Situation steht (z. B. Soldaten oder Hilfskräfte vor einem Auslandseinsatz). Hinzu kommen Bittandachten aus dem landwirtschaftlichen Bereich (z. B. um gute Ernte, Regen); sie werden nach katholischer Tradition bisweilen mit einer Bittprozession verbunden.

Während manche Bräuche weiterhin allein in einer der beiden Kirchen beheimatet sind, wie beispielsweise die Begehung der drei Bitttage vor Christi Himmelfahrt in der katholischen Kirche oder die Form der Betstunde im evangelischen Bereich, haben sich inzwischen auch neue gemeinsame Traditionen herausgebildet wie die Bittandacht für die Einheit der Christen oder Friedensgebete. Auch der Buß- und Bettag wird in manchen Gemeinden ökumenisch begangen.

II. Hinweise zur Gestaltung

Bittandachten sind immer situationsbezogen. Der vorliegende Entwurf einer Bittandacht ist für einen Katastrophenfall gedacht, bei dem Menschen in Lebensgefahr schweben. So sollte in der Einführung, die gegebenenfalls mit einer Klage verbunden werden kann, sowie in der Ansprache die jeweilige Situation deutlich zur Sprache gebracht werden. Der Schwerpunkt der Andacht liegt auf der Fürbitte. Sie sollte von mehreren Sprecherinnen und Sprechern vorgetragen werden. Oft ist es hilfreich, in Situationen, in denen Sprachlosigkeit herrscht, geprägte Texte und Formen zu verwenden.

Es empfiehlt sich, bei der Planung und Durchführung auch Angehörige oder Betroffene einzubeziehen, sofern diese dadurch nicht überfordert werden. Sie können insbesondere bei der Einführung (Situationsschilderung), der Klage und bei den Fürbitten zu Wort kommen. Dabei sollte allerdings auch sichergestellt werden, dass die Andacht nicht zum Forum für einseitige Vorwürfe und Anklagen wird.

III. Verlauf

SAMMELN
Musik/Gesang
Gruß und Einführung
Gebet/Psalm
Gesang

HÖREN – BETRACHTEN – ANTWORTEN
Lesung
Auslegung
Gesang
Fürbitte
Vaterunser

SENDEN – SEGNEN
Segen
Musik/Gesang

IV. Texte und Gesänge

Gruß[28] *und Einführung*

L: **Im Namen Gottes, des Vaters und des Sohnes und des Heiligen Geistes.**
A: **Amen.**

---

[28] Siehe oben Anm. 2.

L: Jesus sagt: „Kommt alle zu mir, die ihr euch plagt und schwere Lasten zu tragen habt."
Er, der Herr, sei mit euch.
A: Und mit deinem Geist.

Oder:
L: Christus ist unsere Hoffnung. Er spricht: Kommt doch zu mir, ich will euch die Last abnehmen. Ich quäle euch nicht und sehe auf keinen herab.
Er, der Herr, sei mit euch.
A: Und mit deinem Geist.

L: Erschüttert und im Innersten aufgewühlt sind wir zusammengekommen, um Gott um seinen Beistand zu bitten. Wir denken an ...

Gebet

Gott, du bist uns nahe,
noch bevor wir zu dir kommen.
Du bist bei uns,
noch bevor wir uns aufmachen zu dir.
Sieh deine Gemeinde, die auf dich schaut.
Höre unser Gebet, das wir in großer Not vor dich bringen.
Erbarme dich der Menschen, für die wir dich um Hilfe bitten.
Tröste alle, die in Sorge sind und richte sie auf.
Sei du unser Halt in dieser schweren Stunde.
Darum bitten wir dich durch Jesus Christus, unseren Herrn.
Amen.

Psalm

EÜ:	LB:
Einst hast du, Herr, dein Land begnadet und Jakobs Unglück gewendet, hast deinem Volk die Schuld vergeben, all seine Sünden zugedeckt, hast zurückgezogen deinen ganzen Grimm und deinen glühenden Zorn gedämpft.	Herr, der du bist vormals gnädig gewesen deinem Lande und hast erlöst die Gefangenen Jakobs; der du die Missetat vormals vergeben hast deinem Volk und alle seine Sünde bedeckt hast; der du vormals hast all deinen Zorn fahren lassen

Bittandacht

Gott, unser Retter, richte uns wieder auf,
lass von deinem Unmut gegen uns ab!
Willst du uns ewig zürnen,
soll dein Zorn dauern von Geschlecht zu Geschlecht?
Willst du uns nicht wieder beleben, sodass dein Volk sich an dir freuen kann?
Erweise uns, Herr, deine Huld und gewähre uns dein Heil!
Ich will hören, was Gott redet:
Frieden verkündet der Herr seinem Volk und seinen Frommen,
den Menschen mit redlichem Herzen.
Sein Heil ist denen nahe, die ihn fürchten.
Seine Herrlichkeit wohne in unserm Land.
Es begegnen einander Huld und Treue;
Gerechtigkeit und Friede küssen sich.
Treue sprosst aus der Erde hervor;
Gerechtigkeit blickt vom Himmel hernieder.
Auch spendet der Herr dann Segen und unser Land gibt seinen Ertrag.
Gerechtigkeit geht vor ihm her und Heil folgt der Spur seiner Schritte.
(Ps 85,2–14)

und dich abgewandt von der Glut deines Zorns:
hilf uns, Gott, unser Heiland,
und lass ab von deiner Ungnade über uns!
Willst du uns denn ewiglich über uns zürnen
und deinen Zorn walten lassen für und für?
Willst du uns denn nicht wieder erquicken,
daß dein Volk sich über dich freuen kann?
Herr, erweise uns deine Gnade und gib uns dein Heil!
Könnte ich doch hören, was Gott der Herr redet,
dass er Frieden zusagte seinem Volk und seinen Heiligen,
damit sie nicht in Torheit geraten.
Doch ist ja seine Hilfe nahe denen, die ihn fürchten,
dass in unserm Lande Ehre wohne;
dass Güte und Treue einander begegnen,
Gerechtigkeit und Friede sich küssen;
dass Treue auf der Erde wachse und Gerechtigkeit vom Himmel schaue;
dass uns auch der Herr Gutes tue, und unser Land seine Frucht gebe;
dass Gerechtigkeit vor ihm her gehe und seinen Schritten folge.
(Ps 85,2–14)

Oder:

EÜ:
Herr, höre mein Gebet!
Mein Schreien dringe zu dir.
Verbirg dein Antlitz nicht vor mir!
Wenn ich in Not bin, wende dein Ohr mir zu! Wenn ich dich anrufe, erhöre mich bald!

LB:
Herr, höre mein Gebet
und lass mein Schreien zu dir kommen!
Verbirg dein Antlitz nicht vor mir in der Not,
neige deine Ohren zu mir; wenn ich dich anrufe, so erhöre mich bald!

Meine Tage sind wie Rauch geschwunden, meine Glieder wie von Feuer verbrannt.	Denn meine Tage sind vergangen wie ein Rauch, und meine Gebeine sind verbrannt wie von Feuer.
Versengt wie Gras und verdorrt ist mein Herz, sodass ich vergessen habe, mein Brot zu essen.	Mein Herz ist geschlagen und verdorrt wie Gras, dass ich sogar vergesse, mein Brot zu essen.
Vor lauter Stöhnen und Schreien bin ich nur noch Haut und Knochen.	Mein Gebein klebt an meiner Haut vor Heulen und Seufzen.
Staub muss ich essen wie Brot, mit Tränen mische ich meinen Trank;	Denn ich esse Asche wie Brot und mische meinen Trank mit Tränen.
Meine Tage schwinden dahin wie Schatten, ich verdorre wie Gras.	Meine Tage sind dahin wie ein Schatten, und ich verdorre wie Gras.
Du aber, Herr, du thronst für immer und ewig, dein Name dauert von Geschlecht zu Geschlecht.	Du aber, Herr, bleibst ewiglich und dein Name für und für.
Du wirst dich erheben, dich über Zion erbarmen; denn es ist Zeit, ihm gnädig zu sein, die Stunde ist da.	Du wollest dich aufmachen und über Zion erbarmen; denn es ist Zeit, dass du ihm gnädig seist, und die Stunde ist gekommen.
Denn der Herr baut Zion wieder auf und erscheint in all seiner Herrlichkeit.	Ja, der Herr baut Zion wieder und erscheint in seiner Herrlichkeit.
Er wendet sich dem Gebet der Verlassenen zu, ihre Bitten verschmäht er nicht. *(Ps 102,2–6.10.12–14.17.18)*	Er wendet sich zum Gebet der Verlassenen und verschmäht ihr Gebet nicht. *(Ps 102,2–6.10.12–14.17.18)*

Gesang

All eure Sorgen (EG.B 631)
Aus tiefer Not lasst uns zu Gott (EG 144)
Aus tiefer Not schrei ich zu dir (EG 299, GL 277, KG 384, RG 83) Ps 130
De profúndis clamávi ad te, Dómine (UW 92)
Erbarme dich, erbarm dich mein (GL 268, KG 378) Ps 51
Herr, der du vormals hast dein Land (EG 283) Ps 85
Im Dunkel unsrer Ängste, im Schrei aus unsrer Not (UW 58)
Nimm von uns Herr, du treuer Gott (EG 146)
O höre, Herr, erhöre mich (KG 379)
Wechselnde Pfade (KAA 028)

Lesung

Was ist der Mensch? (Ps 8)
Brich mit den Hungrigen dein Brot (Jes 58,7–12)
Gegen Gewalt gegen Schwache (Jer 7,5–7)
Von der Feindesliebe (Mt 5,43–48)
Bittet, dann wird euch gegeben (Mt 7,7–11)
Bitten und Beten (Lk 11,1–8)
Die bittende Witwe (Lk 18,1–8)
Betet und ihr werdet empfangen (Joh 16,23 f.)
Aufruf zur Fürbitte (1 Tim 2,1–6a)
Betet füreinander (Jak 5,13–18)

Gesang

Brich dem Hungrigen dein Brot (EG 418, KG 598, RG 823)
Hilf, Herr meines Lebens (EG 419, GL 440, KG 547, RG 825, UW 53)
Lass mich, o Herr, in allen Dingen (EG 414)
Meine engen Grenzen (GL 437, KAA 083, KG 68, UW 93)
Wenn wir in höchsten Nöten sein (EG 366, RG 204)
Wer nur den lieben Gott lässt walten (EG 369, RG 681)
Wer nur den lieben Gott lässt walten (GL 424, KG 541)

Fürbitten

L: Herr Jesus Christus, aus Liebe zu allen Menschen bist du den Weg des Leidens gegangen:
Wir bitten dich: Erhöre unser Gebet.
A: **Erhöre unser Gebet.**
S: Für alle Menschen, die heute leiden: Tröste sie und bewahre sie in deiner Liebe. **Wir bitten dich:**
A: **Erhöre unser Gebet.**
S: Für alle, die ihr Menschenmögliches tun, um ... *(Benennung der Aktivität).* **Wir bitten dich:**
A: **Erhöre unser Gebet.**
S: Für ... *(Nennung der Namen des/der direkt von der Katastrophe Betroffenen):* **Lass ihn/sie bald wieder unter uns sein.
Wir bitten dich:**
A: **Erhöre unser Gebet.**
S: Für alle vom Unglück Betroffenen: **Schenke Ihnen Kraft und die Zuversicht des Glaubens. Wir bitten dich:**

A: Erhöre unser Gebet.
L: Gott, du bist unsere Zuversicht und Stärke. Auf dich vertrauen wir um deiner großen Güte willen. Dir sei Ehre in alle Ewigkeit.
A: Amen.

Oder:
L: Barmherziger und gütiger Gott,
wir bitten dich um deinen Beistand und deine Hilfe.
Wir rufen zu dir: Gott, erbarme dich.
A: Gott, erbarme dich.
S: Wir wissen nicht, was vor uns liegt, und hoffen auf deine Barmherzigkeit.
Wir rufen zu dir.
A: Gott, erbarme dich.
S: Wir bangen um das Leben von ... *(Nennung der betroffenen Personen/Personengruppe).*
Wir rufen zu dir:
A: Gott, erbarme dich.
S: Wir denken an alle, die in Angst und Ungewissheit sind.
Wir rufen zu dir.
A: Gott, erbarme dich.
S: Wir bitten um den Geist der Stärke und der Besonnenheit für alle, die sich um Rettung bemühen.
Wir rufen zu dir:
A: Gott, erbarme dich.
L: Schenke deinen Frieden allen Menschen in Not, sei ihnen nahe mit deinem Trost.
A: Amen.

Gesang

Ich seh empor zu den Bergen (KAA 053, UW 253)
Ich steh vor dir mit leeren Händen, Herr (EG 382, GL 422, KG 544, RG 213, UW 104)
Komm, o Tröster, Heilger Geist (GL 349, KG 484, RG 515, UW 126)
O Gott, streck aus dein milde Hand (KG 558)
Stern, auf den ich schaue (EG 407)
Wir danken dir, Herr Jesus Christ, dass du für uns gestorben bist (EG 79, GL 297, KG 395, RG 439)

Segen[29]

L: **Die Gnade seines Segens
schenke euch der Gott des Erbarmens und allen Trostes.
Er tröste euch in aller Not.
Den Lebenden gewähre er Rettung
und den Verstorbenen schenke er das Licht seines Friedens.
Der Lebenden und der Toten erbarme sich Christus,
der wahrhaftig vom Grabe erstanden ist.
Es segne und behüte euch der allmächtige
und barmherzige Gott,
der Vater und der Sohn und der Heilige Geist.**
A: **Amen.**

Oder:
L: **Gott segne euch und behüte euch.
Gott lasse sein Angesicht leuchten über euch
und sei euch gnädig.
Gott erhebe sein Angesicht auf euch
und gebe euch Frieden.** *(Num 6,24–26)*
**Das gewähre euch der dreieinige Gott,
der Vater und der Sohn und der Heilige Geist.**
A: **Amen.**

Anregungstexte

1.
Komme, was mag. Gott ist mächtig!
Wenn unsere Tage verdunkelt sind, und unsere Nächte finsterer als tausend Mitternächte, so wollen wir stets daran denken, dass es in der Welt eine große, segnende Kraft gibt, die Gott heißt.
Gott kann Wege aus der Ausweglosigkeit weisen.
Er will das dunkle Gestern in ein helles Morgen verwandeln – zuletzt in den leuchtenden Morgen der Ewigkeit.

(Martin Luther King)

---

[29] Siehe oben Anm. 3.

2.
Manchmal denkt man, Gott müsse einem in all den Widerständen des Lebens ein sichtbares Zeichen geben, das einem hilft. Aber dies ist eben ein Zeichen, dass er einen durchhalten und es wagen und dulden lässt.
(Jochen Klepper)

3.
Ich sagte zu dem Engel, der an der Pforte des neuen Jahres stand:
Gib mir ein Licht, damit ich sicheren Fußes der Ungewissheit entgegengehen kann.
Aber er antwortete:
Gehe nur hin in die Dunkelheit und lege deine Hand in die Hand Gottes.
Das ist besser als ein Licht und sicherer als ein bekannter Weg.
(Verfasser unbekannt, aus China)

Klageandacht

I. Vorbemerkungen

Es gibt die Erfahrung von Unheil, Unrecht und Ohnmacht, wo alle Erklärungen versagen und kein Sinn mehr erkennbar ist. Angesichts von Terroranschlägen, Kriegen, Epidemien, Naturkatastrophen, wirtschaftlichen und sozialen Krisen, verbunden mit Betriebsschließungen und Arbeitsplatzverlusten, bleibt manchmal nur die Klage vor Gott und der Welt.

Wenn in einer solchen Situation Menschen zu einer „Klageandacht" zusammenkommen, ist dies ein Zeichen der Solidarität mit den Betroffenen. In vielen Fällen wird es ein ökumenischer Gottesdienst sein.

Wegen der Unterschiedlichkeit der Situationen können die Texte nur als Vorschläge verstanden werden. Sie müssen jeweils entsprechend angepasst werden.

II. Hinweise zur Gestaltung

Im Zentrum der Andacht stehen unterschiedliche Formen der Klage. So ist es sinnvoll, direkt Betroffene – wenn diese es wünschen und angesichts der Situation nicht überfordert sind – in die Feier einzubeziehen und ihre Klage laut werden zu lassen.

Geprägte Texte (Lesungen, Psalmen, Gebete) sind in der Sprachlosigkeit solcher Situationen eine Hilfe.

III. Verlauf

SAMMELN
Musik/Gesang
Gruß und Einführung
Gebet

HÖREN – BETRACHTEN – ANTWORTEN
Lesung
Psalm
Ansprache
Gesang
Fürbitten/Bitten – Vaterunser

SENDEN – SEGNEN
Segen
Gesang
Sendung

IV. Texte und Gesänge

Gesang

Ach bleib bei uns, Herr Jesu Christ (EG 246)
Ach bleib bei uns, Herr Jesu Christ (RG 790)
Aus tiefer Not schrei ich zu dir (EG 299, GL 277, KG 384, RG 83) Ps 130
Da wohnt ein Sehnen tief in uns (KAA 074, UW 234)
Der Herr ist mein getreuer Hirt (EG 274, KG 555, RG 15) Ps 23
Der Herr ist mein Hirte (Kanon à 3 – KG 556, RG 16) Ps 23,1
Der Herr, mein Hirte, führet mich (EG.B 594, RG 18) Ps 23
Gottes Wort ist wie Licht in der Nacht (GL 450, KAA 056, UW 41)
Herr, mein Gott, ich traue auf dich (RG 45) Ps 71
Herr, unser Gott, lass nicht zuschanden werden (EG 247)
Ich ruf zu dir, Herr Jesu Christ (EG 343, RG 206)
Ich seh empor zu den Bergen (KAA 053, UW 253)
Ich steh vor dir mit leeren Händen, Herr (EG 382, GL 422, KG 544, RG 213, UW 104)
Manchmal kennen wir Gottes Willen (KG 184, RG 832)
Mein Hirt ist Gott der Herr (GL 421, UW 106)
Mit lauter Stimme ruf ich zum Herrn (GL 162, KG 64) Ps 142

Gruß[30] und Einführung

L: **Im Namen des Vater und des Sohnes und des Heiligen Geistes.**
A: **Amen.**
L: **Jesus Christus, unser Herr, der bei uns ist in allen Situationen,**
   er sei mit euch.
A: **Und mit deinem Geist.**
L: **Erschüttert schauen wir auf ...** *(Benennung des Unglücks, der Katastrophe).*
   Dir, Gott, klagen wir unsere Not.

---

[30] Siehe oben Anm. 2.

Klageandacht

Gebet

L: Gott, du lenkst den Lauf der Welt
und die Geschicke der Menschen.
Du bist der Gott des Lebens, der Liebe und der Hoffnung.
Dennoch erfahren wir, wie Leben und Liebe enden
und Hoffnungen zerbrechen.
Wir erfahren, dass unsere Welt nicht frei ist von Unheil.
In unserer Ohnmacht und Trauer kommen wir heute zu dir
und klagen dir unser Leid und unseren Schmerz.
Wir suchen Antworten auf unsere Fragen
und Trost in unserer Bedrängnis.
Wir empfehlen dir alle, die ... (die ihr Leben verloren haben;
die um einen lieben Menschen trauern;
die ihren Arbeitsplatz verloren haben ...).
Sei du ihnen Kraft und Stärke,
richte sie auf, bewahre sie vor Verzweiflung,
gib ihnen Hoffnung und Zuversicht.
So bitten wir durch Jesus Christus,
unseren gekreuzigten und auferstandenen Herrn.
A: **Amen.**

Oder, wenn alle gleichermaßen von einem schweren Schicksal betroffen sind:
L: **Gott, Vater im Himmel,**
wir kommen vor dein Angesicht mit unserer Sorge
und unserer Not.
Wir fühlen uns hilflos und schwach.
Wir suchen Trost und Weisung.
Komm uns entgegen und zeige uns den Weg.
Lass uns zueinander stehen und einander tragen
als Brüder und Schwestern Jesu Christi, deines Sohnes,
der mit uns ist, heute und in Ewigkeit.
A: **Amen.**

Lesung

Erhörung der Klage des Volkes (Ex 2,23–25)
Die Treue Gottes (Dtn 26,7–9)
Keiner soll zugrunde gehen (Joh 6,37–40)
Alle sollen bei Christus sein (Joh 17,24.26)
Hoffnung auf Erlösung der Schöpfung (Röm 8,18–22)

Psalm

Mein Gott, mein Gott, warum hast du mich verlassen? (Ps 22,2–14)
Ich bin hingeschüttet wie Wasser (Ps 22,15–22)
Der Herr ist mein Hirte (Ps 23)
Herr, ich suche Zuflucht bei dir (Ps 71)
Herr, du warst unsere Zuflucht von Geschlecht zu Geschlecht (Ps 90)

Gesang

Auf meinen lieben Gott (EG 345, RG 674)
Gott, mein Gott, warum hast du mich verlassen (EG 381, KG 187, RG 13)
Herr, deine Güt ist unbegrenzt (GL 427) Ps 36
Mein Gott, mein Gott, warum verlässt du mich (RG 14) Ps 22
Schweige und höre (Kanon à 3 – GL 433.2, KAA 071, KG 600, RG 166, UW 112.1)
Verleih uns Frieden gnädiglich (Luther, EG 421 I, GL 475, KG 589, RG 332)
Verleih uns Frieden gnädiglich (Nagel, UW 268)
Wer nur den lieben Gott lässt walten (EG 369, RG 681)
Wer nur den lieben Gott lässt walten (GL 424, KG 541)

Fürbitten/Bitten

L: **Wir beten zu Gott, der alle Zeit in Händen hält:**
S: **Wir können noch immer nicht fassen, was geschehen ist. Du hast Menschen, die uns nahe standen, aus ihrem Leben abberufen, aus ihrer Arbeit, ihren Familien, ihren Freunden und Nachbarn. Sie waren nicht darauf gefasst, so plötzlich aus diesem Leben Abschied nehmen zu müssen. Sei du ihnen Licht in der Dunkelheit des Todes.** – *Stille* –
   Gott, unser Vater:
A: **Wir bitten dich, erhöre uns.**
S: **Wir beten für alle, die nicht wissen, wie es weitergehen soll. Stärke ihren Glauben und gib ihnen neue Hoffnung.** – *Stille* –
   Gott, unser Vater:
A: **Wir bitten dich, erhöre uns.**
S: **Wir bitten dich für diejenigen, die einen schweren Verlust beklagen. Hilf ihnen, ihren Weg zu finden und schenke ihnen neue Kraft.** – *Stille* –
   Gott, unser Vater:
A: **Wir bitten dich, erhöre uns.**

Klageandacht 145

S: Lass uns umgeben vom Tod an das Leben glauben, an Christus, der unser Leben ist. Hilf uns, einander in Liebe und Vertrauen beizustehen und schenke uns deinen Frieden. – *Stille* – Gott, unser Vater:
A: Wir bitten dich, erhöre uns.
   (Nach: Die kirchliche Begräbnisfeier. Freiburg 1989, 160f.)

Oder:

L: Lasst uns beten zu unserem Herrn Jesus Christus.
   In ihm ist unser Heil.
S: Jesus, du Bruder aller Menschen,
   du hast unser Schicksal geteilt;
   du Freund aller, die stöhnen unter der Last ihres Lebens.
   Kyrie eleison / Herr, erbarme dich.
A: Kyrie eleison / Herr, erbarme dich.
S: Jesus, du Heiland der Verwundeten an Seele und Leib,
   du Zuflucht aller, die keine Hoffnung sehen;
   du gehst den Verlorenen nach,
   du bist den Verirrten Heimat und Schutz.
   Kyrie eleison / Herr, erbarme dich.
A: Kyrie eleison / Herr, erbarme dich.
S: Jesus, du weißt um Tränen, Trauer und Schmerz,
   du kennst Verzweiflung und Angst;
   du bist die Kraft auf dem Weg, du gehst an unserer Seite mit.
   Kyrie eleison / Herr, erbarme dich.
A: Kyrie eleison / Herr, erbarme dich.
S: Jesus, du Friede Gottes für unsere friedlose Welt;
   du Menschenfreundlichkeit Gottes für alles, was lebt.
   Kyrie eleison / Herr, erbarme dich.
A: Kyrie eleison / Herr, erbarme dich.
S: Jesus, du Hoffnung der ganzen Schöpfung auf Heil;
   du Anfang der neuen Welt, die wir erwarten.
   Kyrie eleison / Herr, erbarme dich.
A: Kyrie eleison / Herr, erbarme dich.
   (Nach Paul Ringseisen, Mit der Gemeinde feiern Bd. I, Dienstebuch, 92.)

Segen[31]

L: Der Herr schenke den Trauernden Trost,
den Verletzten Genesung,
den Verstorbenen das ewige Leben.
Es segne euch der allmächtige und barmherzige Gott,
der Vater und der Sohn und der Heilige Geist.
A: Amen.

Oder:
L: Gott schenke uns neue Hoffnung.
Er begleite uns mit seinem tröstenden Wort.
Er gebe uns Menschen an die Seite, die das Leid mit uns tragen.
Es segne und behüte euch der allmächtige
und barmherzige Gott,
der Vater, der Sohn und der Heilige Geist.
A: Amen.

Gesang

Ach bleib mit deiner Gnade (EG 347, GL 436, RG 342)
Gott liebt diese Welt (EG 409, GL 464, KG 709, RG 279)
Gott ist es, der mich bergen wird (KAA 029)
Solang es Menschen gibt auf Erden (EG 427, GL 425, KG 579)
Von guten Mächten treu und still umgeben (Abel, EG 65 I, RG 550 [353])
Von guten Mächten treu und still umgeben (Fietz, EG.B 637)
Von guten Mächten treu und still umgeben (Grahl, GL 430, UW 101)

Sendung

L: Gehet hin mit dem Trost und im Frieden des Herrn.
A: Dank sei Gott dem Herrn.

---

[31] Siehe oben Anm. 3.

Klageandacht

Anregungstexte

1.
Dass die Vögel der Sorge und des Kummers über deinem Haupt fliegen, kannst du nicht ändern. Aber dass sie Nester in deinem Haar bauen, das kannst du verhindern.

(Martin Luther)

2.
Ich kann nicht beten, Herr.
Ich suche nach Worten,
aber ich finde keine.
Nur hohle Phrasen
kommen mir in den Sinn.
Herr, du bist in unendlicher Ferne.
Ich habe dich verloren.
Wo bist du? Wo soll ich dich suchen?
Warum zwingst du mich, Herr,
diese Wüste zu durchqueren?
Spröde sind meine Lippen, und meine Knie wanken.
Wie soll ich da durch diese Wüste kommen?
Mein trockener Mund schreit nach dir,
der du Worte des ewigen Lebens hast,
und wie herrliches kühles Wasser
wäre dein Wort für die Wüste in mir.
Herr, höre mein Flehen.

(Adolf Exeler)

Gebet für die Einheit der Kirche

I. Vorbemerkungen

Übliche Gelegenheiten für das Gebet um die Einheit der Kirche sind die Weltgebetswoche im Januar und die Zeit zwischen Christi Himmelfahrt und Pfingsten. Dafür gibt es in jedem Jahr unter dem Reihentitel „Gebetswoche für die Einheit der Christen" eine Arbeitshilfe mit Gottesdienstvorschlägen, herausgegeben von der Ökumenischen Centrale der Arbeitsgemeinschaft Christlicher Kirchen in Deutschland (Ludolfusstr. 2-4), D-60487 Frankfurt a. M., Tel. 069/247027-0, Fax 069/247027-30, E-Mail: info ack-oec.de, Internet: www.oekumene-ack.de).

In den evangelischen Kirchen gibt es eine Sonntagsliturgie für die Einheit der Kirche (vgl GB, S. 456f.). Dieses Anliegen bestimmt in vielen Gemeinden den Festgottesdienst am Pfingstmontag. Im Messbuch der katholischen Kirche gibt es ein Formular „Für die Einheit der Christen" (MB, S. 1062ff.). Dieses Formular kann auch an den Sonntagen im Jahreskreis genommen werden.

Auch außerhalb der Gebetswoche für die Einheit gibt es immer wieder Anlässe und Situationen, in denen für die Einheit der Christen gebetet wird, beispielsweise bei einer gemeinsamen Sitzung von Pfarrgemeinderat der katholischen und Kirchenvorstand der evangelischen Gemeinde. Für solche Gelegenheiten wird hier eine knappe Andachtsform vorgeschlagen.

II. Hinweise zur Gestaltung

Der Schwerpunkt dieses Gottesdienstes, der dem Ablauf einer evangelischen Andacht folgt, liegt entsprechend auf dem Verkündigungsteil. Es sollte hier allerdings eine Beschränkung auf einen Bibeltext und eine Auslegung erfolgen, auch wenn an vielen Orten normalerweise die Geistlichen *beider* Konfessionen bei solchen Gelegenheiten zu predigen gewohnt sind.

Das Glaubensbekenntnis kann als gemeinsame Antwort auf das Schriftwort und dessen Auslegung gestaltet werden. Dabei wird empfohlen, das Große Glaubensbekenntnis (von Nizäa und Konstantinopel) zu wählen (EG.B 904, GL 586.2, KG 245, RG 264).

Gebet für die Einheit der Kirche

III. Verlauf

SAMMELN
Musik/Gesang
Gruß und Einführung
(Psalmgebet)
Gesang

HÖREN – BETRACHTEN – ANTWORTEN
Lesung
Auslegung
(Glaubensbekenntnis)
Gesang
Gebet für die Einheit
Vaterunser

SENDEN – SEGNEN
Segen
Musik/Gesang

IV. Texte und Gesänge

Gruß[32] und Einführung

L: **Im Namen Gottes, des Vaters und des Sohnes und des Heiligen Geistes.**
A: **Amen**
L: **Der Friede des Herrn sei mit euch.**
G: **Und mit deinem Geist.**
L: **Gott hat uns zusammengeführt. Woher wir auch kommen, in Christus sind unsere getrennten Wege vereint. In seinem Geist sind wir miteinander verbunden. Dafür loben wir Gott und danken ihm.**

---

[32] Siehe oben Anm. 2.

EÜ:
Jauchzt vor dem Herrn, alle Länder der Erde!
Dient dem Herrn mit Freude!
Kommt vor sein Antlitz mit Jubel!
Erkennt: Der Herr allein ist Gott.
Er hat uns geschaffen, wir sind sein Eigentum,
sein Volk und die Herde seiner Weide.
Tretet mit Dank durch seine Tore ein!
Kommt mit Lobgesang in die Vorhöfe seines Tempels!
Dankt ihm, preist seinen Namen!
Denn der Herr ist gütig,
ewig währt seine Huld,
von Geschlecht zu Geschlecht seine Treue. *(Ps 100)*

LB:
Jauchzet dem Herrn, alle Welt!
Dienet dem Herrn mit Freuden,
kommt vor sein Angesicht mit Frohlocken!
Erkennet, dass der Herr Gott ist!
Er hat uns gemacht und nicht wir selbst
zu seinem Volk und zu Schafen seiner Weide.
Gehet zu seinen Toren ein mit Danken,
zu seinen Vorhöfen mit Loben;
danket ihm, lobet seinen Namen!
Denn der Herr ist freundlich,
und seine Gnade währet ewig
und seine Wahrheit für und für.
(Ps 100)

Oder:

EÜ:
Herr, deine Güte reicht, so weit der Himmel ist,
deine Treue, so weit die Wolken ziehn.
Deine Gerechtigkeit steht wie die Berge Gottes,
deine Urteile sind tief wie das Meer.
Herr, du hilfst Menschen und Tieren.
Gott, wie köstlich ist deine Huld!
Die Menschen bergen sich im Schatten deiner Flügel,
sie laben sich am Reichtum deines Hauses;
du tränkst sie mit dem Strom deiner Wonnen.
Denn bei dir ist die Quelle des Lebens,
in deinem Licht schauen wir das Licht.
Erhalte denen, die dich kennen, deine Huld
und deine Gerechtigkeit den Menschen mit redlichem Herzen!
(Ps 36,6–11)

LB:
Herr, deine Güte reicht, so weit der Himmel ist,
und deine Wahrheit, so weit die Wolken gehen.
Deine Gerechtigkeit steht wie die Berge Gottes
und dein Recht wie die große Tiefe.
Herr, du hilfst Menschen und Tieren.
Wie köstlich ist deine Güte, Gott,
dass Menschenkinder unter dem Schatten deiner Flügel Zuflucht haben!
Sie werden satt von den reichen Gütern deines Hauses,
und du tränkst sie mit Wonne wie mit einem Strom.
Denn bei dir ist die Quelle des Lebens,
und in deinem Lichte sehen wir das Licht.
Breite deine Güte über die, die dich kennen,
und deine Gerechtigkeit über die Frommen. *(Ps 36,6–11)*

Gebet für die Einheit der Kirche

Gesang

Du bist ewig, du bist nahe (KAA 08)
Herr, du bist mein Leben (KAA 050)
Ich will, solang ich lebe (EG 276) Ps 34
Lob Gott getrost mit Singen (EG 243, RG 787)
Lob sei dem Herrn, Ruhm seinem Namen (KG 139) Ps 34
Lobe den Herrn, meine Seele (KAA 010)
Ich suchte den Herrn (GL 651,3–4) Ps 34
Nun jauchzt dem Herren, alle Welt (EG 288, GL 144, KG 40, RG 57, UW 148) Ps 100
Nun jauchzt dem Herren, alle Welt! Halleluja (Kanon à 3 – KG 41, RG 58) Ps 100,1
Nun singe Lob, du Christenheit (EG 265, GL 487)
Nun singt ein neues Lied dem Herren (GL 551, KG 522) Ps 98
Singet dem Herrn ein neues Lied, denn er tut Wunder (EG 287, KG 538) Ps 98
Singt dem Herrn ein neues Lied, niemand soll's euch wehren (GL 409, KG 533, UW 64)
Singet, singet, singet dem Herrn (Kanon à 3 – KG 241, RG 52) Ps 98,1
Singt, singt dem Herren neue Lieder (EG 286, RG 55) Ps 98

Lesung

Der neue Bund (Jer 31,31–34)
Die Gleichnisse vom Senfkorn und vom Sauerteig (Mt 13,31–33)
Aus Wasser und Geist geboren (Joh 3,5–8)
Der gute Hirte im Gegensatz zum Tagelöhner (Joh 10,11–16)
Der Weg zum Vater (Joh 14,1–6)
Jesu Fürbitte für alle Glaubenden (Joh 17,6.20–26)
Aufruf zur Einheit (Eph 4,2–7.11–16)
Mahnung zur Einheit (1 Kor 1,10–18)
Der eine Leib und die vielen Glieder (1 Kor 12,12–27)

Gesang

Dank sei dir, Vater, für das ewge Leben (EG 227, GL 484, KG 143, RG 320)
Du rufst uns, Herr, trotz unserer Schuld (GL 161, KG 63)
Gott ruft sein Volk zusammen (GL 477, KG 508, UW 134)
Großer Gott, wir loben dich (EG 331, GL 380, KG 175, RG 247)
Herr Gott, dich loben wir (EG 191)
Komm, o komm, du Geist des Lebens (EG 134, RG 509)

Kommt herbei, singt dem Herrn (EG.B 599, GL 140, KG 43, UW 147) Ps 95
Nun bitten wir den Heiligen Geist (EG 124, KG 482, RG 502)
Nun bitten wir den Heiligen Geist (GL 348)
Nun danket all und bringet Ehr (EG 322, GL 403, KG 518, RG 235)
Sonne der Gerechtigkeit (Böhmen/Nürnberg, EG 262, GL 481, UW 133)
Sonne der Gerechtigkeit (Böhmen/Nürnberg, KG 509, RG 795)

Gebet für Einheit

L: **Herr Jesus Christus,
du hast gebetet:
Lass alle eins sein, wie du, Vater, in mir bist, und ich in dir.
Wir bitten dich um die Einheit deiner Kirche.
Zerbrich die Mauern, die uns trennen.
Stärke, was uns eint, und überwinde, was uns trennt.
Gib, dass wir die Wege zueinander suchen.
Führe den Tag herauf,
an dem wir dich loben und preisen können
in der Gemeinschaft aller Gläubigen in alle Ewigkeit.**
A: **Amen.**

(GL 1975, 28.3)

Oder:

L: Voll Vertrauen wenden wir uns an unseren Herrn Jesus Christus, der für die Einheit seiner Jünger gebetet hat:
S: Gieße deinen Geist aus, dass die Sehnsucht nach der Einheit im Glauben zunehme.
   – *Stille* – **Herr Jesus Christus:**
A: **Wir bitten dich, erhöre uns.**
S: Bestärke die Verantwortlichen in den Kirchen, dass sie weitere Schritte zur Einheit der Christen wagen.
   – *Stille* – **Herr Jesus Christus:**
A: **Wir bitten dich, erhöre uns.**
S: Fördere die Bemühungen aller Kirchen, dass sie zur Gerechtigkeit und zum Frieden unter den Völkern beitragen.
   – *Stille* – **Herr Jesus Christus:**
A: **Wir bitten dich, erhöre uns.**
S: Hilf uns, unseren Brüdern und Schwestern in den anderen Kirchen mit Achtung und Liebe zu begegnen.
   – *Stille* – **Herr Jesus Christus:**
A: **Wir bitten dich, erhöre uns.**

Gebet für die Einheit der Kirche

L: **Vater, höre auf unsere Bitten, die wir durch deinen Sohn an dich richten, und erhöre uns durch ihn, Jesus Christus, unseren Herrn.**
A: **Amen.**
(Nach Schott-Messbuch für Verschiedene Anlässe, Bd. 3, S. 1103)

Oder:
L: **Lasst uns zu Gott beten, der uns in Christus zur Einheit berufen hat.**
S: **Sammle deine Kirche und rufe sie zusammen an einen Tisch.**
A: **Wir bitten dich, erhöre uns.**
S: **Erfülle Frauen, Männer und Kinder mit dem Geist der Geschwisterlichkeit.**
A: **Wir bitten dich, erhöre uns.**
S: **Stärke, was uns verbindet, und hilf uns, das Trennende zu überwinden.**
A: **Wir bitten dich, erhöre uns.**
S: **Schenke uns den Geist der Versöhnung und die Kraft, für die Einheit einzutreten.**
A: **Wir bitten dich, erhöre uns.**
L: **Gott, lass uns auf dem Weg zur Einheit weitergehen und vorankommen.
Darum bitten wir dich durch unseren Herrn Jesus Christus.**
A: **Amen.**

Segen[33]

L: **Gott,
wenn unser Bemühen um Einheit nur langsam vorankommt,
dann stärke unsere Zuversicht.
Wenn wir verzagt sind auf unserem Weg zur Einheit,
dann gib uns neuen Mut.
Wenn die alten Vorurteile aufleben wollen,
dann lass uns auf unsere Schwestern und Brüder sehen
und ihnen in Liebe begegnen.
Es segne und behüte euch
der allmächtige und barmherzige Gott,
der Vater und der Sohn und der Heilige Geist.**
A: **Amen.**

---

[33] Siehe oben Anm. 3.

Anregungstexte

1.
Wenn einer aus Indien oder dem Mohrenland käme, oder wo er sonst herkäme und sagte: Ich glaube an Christus, so würde ich sagen: So glaube ich auch und so werde ich auch selig. Es stimmen im Glauben und Bekenntnis die Christen überein, obwohl sie sonst in der ganzen Welt hin und wieder zerstreut sind. Denn es heißt nicht eine römische, noch nürnbergische oder wittenbergische Kirche, sondern eine christliche Kirche ... Was da nur getauft ist und an Christus glaubt ..., er sei aus dem Morgenlande oder Abendlande, so hat keiner einen Vorteil vor dem anderen.
(Martin Luther)

2.
Die bessere gegenseitige Kenntnis und die Übereinstimmung in Fragen der Lehre, die wir schon erreicht haben und die eine effektive Zunahme des Gemeinschaftsgefühls zur Folge hatten, können dem Gewissen der Christen, die die eine, heilige, katholische und apostolische Kirche bekennen, freilich noch nicht genügen. Das letzte Ziel der ökumenischen Bewegung ist die Wiederherstellung der sichtbaren vollen Einheit aller Getauften.
(Johannes Paul II.)

3.
Natürlich ist Christus nicht zerteilt worden. Wir müssen jedoch aufrichtig und mit Schmerz erkennen, dass unsere Gemeinschaften auch weiterhin in Spaltungen leben, die ein Ärgernis sind. Die Spaltungen unter uns Christen sind ein Skandal. Es gibt kein anderes Wort: ein Skandal.
(Papst Franziskus)

Friedensgebet

I. Vorbemerkungen

In Situationen einer konkreten Bedrohung durch Krieg, Terror oder Unruhen können die Gemeinden zu einem gemeinsamen Friedensgebet eingeladen werden. Oft werden dann die Friedensgebete über einen längeren Zeitraum hin gemeinsam gestaltet.

Auch bei Veranstaltungen, in denen die Friedensthematik im Vordergrund steht, beispielsweise im Zusammenhang mit Auslandseinsätzen der Bundeswehr, kann zu einem gemeinsamen Gottesdienst eingeladen werden.

Manchmal werden bei Friedensgebeten auch Angehörige anderer Religionen mit einbezogen.

II. Hinweise zur Gestaltung

Die Texte des Friedensgebetes sind allgemein formuliert; sie sollten mit Blick auf die jeweilige Situation und die konkreten Ereignisse angepasst werden.

Texte wie Klagepsalmen bieten häufig eine bessere Möglichkeit als eigenformulierte Klagen, Angst und Not auszusprechen.

III. Verlauf

SAMMELN
Gruß und Einführung
Gesang
(Psalm-)Gebet

HÖREN / BETRACHTEN / ANTWORTEN
Lesung
(Auslegung)
Gesang

SENDEN – SEGNEN
Gebet
Segen
Gesang

IV. Texte und Gesänge

Gruß[34] und Einführung

L: Im Namen des Vaters und des Sohnes und des Heiligen Geistes.
A: Amen.
L: Der Friede des Herrn sei mit euch.
A: Und mit deinem Geist.

L: **Wir verbinden uns mit allen, die um den Frieden in der Welt beten.**
Wir sind beieinander, weil wir mit Sorge auf ... blicken.
In alledem fragen wir nach Gott, der das Leben jedes Menschen geschaffen und der in Jesus Christus allen Menschen seine Liebe erwiesen hat.

Gesang

Da pacem, Dómine, in diébus nostris (GL 473)
Da pacem, Dómine (Kanon à 4 – KG 590, RG 333)
Dona nobis pacem (Kanon à 3 – EG 435, KG 597, RG 334, UW 115)
Dona nobis pacem in terra (KAA 077)
Verleih uns Frieden gnädiglich (Luther, EG 421 I, GL 475, KG 589, RG 332)
Verleih uns Frieden gnädiglich (Nagel, UW 268)
Wo Menschen sich vergessen (KAA 075, UW 109)

Psalm

Ps 85, s. S. 134 f.

---

[34] Siehe oben Anm. 2.

Friedensgebet

Gebet

**Gütiger Gott,
dein Sohn hat jene selig gepriesen
und deine Kinder genannt,
die für den Frieden wirken.
Gib uns die Bereitschaft, immer und überall
für die Gerechtigkeit einzutreten,
die allein den wahren Frieden sichert.
Darum bitten wir durch Jesus Christus, unseren Herrn.**

(MB, S. 1082)

Oder:

**Treuer Gott,
du schaffst und erhältst unser Leben:
Nimm uns unter deinen Schutz.
Wehre den Mächten, die das Leben bedrohen,
und birg uns in deinem Frieden.
Durch unsern Herrn Jesus Christus, deinen Sohn,
der mit dir und dem Heiligen Geist lebt und angebetet wird
in alle Ewigkeit.**

(GB, S. 475)

Lesung

Licht im Dunkel (Jes 9,1–6)
Schwerter zu Pflugscharen (Mi 4,1–4)
Seligpreisungen (Mt 5,1–10[11.12])
Christus ist unser Friede (Eph 2,14.17.18).
Der Gott des Friedens (Phil 4,6–9)
Betet für alle Menschen (1 Tim 2,1–4)

Gesang

Brich dem Hungrigen dein Brot (EG 418, KG 598, RG 823)
Da wohnt ein Sehnen tief in uns (KAA 074, UW 234)
Freunde, dass der Mandelzweig (EG.B 659, UW 28)
Gib uns Frieden jeden Tag (EG 425, KG 593, RG 828)
Gott gab uns Atem, damit wir leben (EG 432, GL 468, UW 49)
Gott gab uns Atem, damit wir leben (KG 575, RG 841)
Hilf, Herr meines Lebens (EG 419, GL 440, KG 547, RG 825, UW 53)
Nun singe Lob, du Christenheit (EG 265, GL 487)

Nun singt ein neues Lied dem Herren (GL 551, KG 522) Ps 98
O ewger Gott, wir bitten dich (GL 471)
O Gott, streck aus dein milde Hand (KG 558)
Unfriede herrscht auf der Erde (UW 113)

Gebet

Herr,
mach mich zu einem Werkzeug deines Friedens,
dass ich liebe, wo man hasst;
dass ich verzeihe, wo man beleidigt;
dass ich verbinde, wo Streit ist;
dass ich die Wahrheit sage, wo Irrtum ist;
dass ich Glauben bringe, wo Zweifel droht;
dass ich Hoffnung wecke, wo Verzweiflung quält;
dass ich Licht entzünde, wo Finsternis regiert;
dass ich Freude bringe, wo der Kummer wohnt.

Herr, lass mich trachten,
nicht, dass ich getröstet werde, sondern dass ich tröste;
nicht, dass ich verstanden werde, sondern dass ich verstehe;
nicht, dass ich geliebt werde, sondern dass ich liebe.

Denn wer sich hingibt, der empfängt;
wer sich selbst vergisst, der findet;
wer verzeiht, dem wird verziehen;
und wer stirbt, der erwacht zum ewigen Leben.

(GL 1975, 29.6)

Oder:
Allmächtiger, gütiger und barmherziger Gott,
Rühre du die Herzen der Menschen an
und gib uns Gedanken des Friedens und der Versöhnung.
Erfülle du die Menschen mit Ehrfurcht vor dem Leben
eines jeden Einzelnen,
vor dem Leben aller Völker, Religionen und Nationen
und vor dem Geschenk der Schöpfung.
Gib, dass der Wille zum Frieden den Hass überwindet
und Rache der Versöhnung weicht.
Lass die Menschen erfahren, dass sie alle deine Kinder
und Geschwister sind,
denen du deine Liebe schenkst.

Und lass uns selbst in dieser Liebe leben.
**Gütiger Gott, mach uns und alle Menschen
zum Werkzeug deines Friedens.**
(Friedensgebet der Mönche des Europaklosters Gut Aich)

Segen[35]

L: Der Friede Gottes, welcher höher ist als alle Vernunft, bewahre eure Herzen und Sinne in Christus Jesus.
Es segne euch der dreieinige Gott, der Vater und der Sohn und der Heilige Geist.
A: **Amen.**

Oder:
L: **Jesus Christus spricht:
Frieden hinterlasse ich euch, meinen Frieden gebe ich euch;
nicht einen Frieden, wie die Welt ihn gibt, gebe ich euch.
Euer Herz beunruhige sich nicht und verzage nicht.** *(Joh 14,27)*
**Und der Friede Gottes, der alles Verstehen übersteigt,
bewahre eure Herzen und Gedanken
in der Gemeinschaft mit Christus Jesus.** *(Vgl. Phil 4,7)*
A: **Amen.**

Gesang

Gottes Wort ist wie Licht in der Nacht (Kanon à 2 – GL 450, KAA 056, UW 41)
Herr, deine Güt ist unbegrenzt (GL 427) Ps 36
Herr, deine Güte reicht, soweit der Himmel ist (EG 277) Ps 36
Herr, gib uns deinen Frieden (Kanon à 4 – EG 436, UW 116)
Wir erwarten einen neuen Himmel (Kanon à 4 – UW 34)

Anregungstexte

1.
Die letztendliche Schwäche der Gewalt ist, dass sie eine nach unten führende Spirale ist, die genau das befruchtet, was sie versucht zu zerstören. Statt das Übel zu verringern, vervielfacht sie es. Durch Gewalt magst du den Lügner ermorden, aber du kannst nicht die Lüge ermorden, noch die Wahrheit

---

[35] Siehe oben Anm. 3.

etablieren. Durch Gewalt magst du die Hassenden ermorden, aber du kannst nicht den Hass ermorden. Tatsächlich vergrößert Gewalt nur den Hass ... Gewalt mit Gewalt zu vergelten, multipliziert die Gewalt, fügt noch größere Dunkelheit einer Nacht hinzu, die schon keine Sterne mehr kennt. Dunkelheit kann nicht Dunkelheit vertreiben; nur Licht kann dies tun. Hass kann nicht den Hass vertreiben; nur Liebe kann dies.

(Martin Luther King)

2.
Ein *friedlicher* Mensch ist einer, der Gutes mit Gutem vergilt und, soweit es in seinem Vermögen steht, niemandem Schaden zufügen will. Daneben gibt es den *Geduldigen,* der nicht Böses mit Bösem vergilt und die Kraft hat, den, der sein Leben beeinträchtigt, zu ertragen. Und dann gibt es noch den *Friedensstifter,* der Böses mit Gutem vergilt und sogar bereit ist, dem, der sein Leben beeinträchtigt, zu helfen.
Der Friedliche ist wie ein Kind und lässt sich leicht aus der Fassung bringen ... Der Geduldige ist, wie es in der Schrift heißt, ‚mit seiner Geduld Herr über seine Seele (Lk 21,19). Und der Friedensstifter schließlich ist nicht nur Herr über seine Seele, sondern er gewinnt auch noch die Seelen vieler anderer.

(Bernhard von Clairvaux)

Tagzeitengottesdienste

Morgenlob – Abendlob

I. Vorbemerkungen

Der Morgen und der Abend eines Tages bestimmen entscheidend das Lebensgefühl der Menschen. Das Lob Gottes am Morgen und am Abend gehört zu den frühesten Formen des christlichen Gottesdienstes. Die Kirche bezeugt im Morgen- und Abendlob die Gegenwart des österlichen Heils mitten in einer scheinbar heillosen Welt. „In einem sind wir nicht zu ersetzen, das ist unsere erste und letzte Berufung, das rechtfertigt unsere Existenz vor Gott und der Welt: der Lobpreis Gottes" (F. Kamphaus).

Am Beginn des Tages steht der Lobpreis Gottes, der Dank für die Ruhe der Nacht und die Bitte um die Weggemeinschaft mit Jesus Christus.

Das Abendlob ist geprägt vom Tagesrückblick und der Fürbitte. Ist das Abendlob zugleich Gebet zur Nacht, so kann die Gewissenserforschung hier ihren Ort haben.

II. Hinweise zur Gestaltung

Morgen- und Abendlob sind Gottesdienste des Alltags. Daraus ergibt sich der Anspruch, Formen zu finden, die einfach, unaufwendig und wiederholbar sind. Gesänge sollten bekannt oder aber leicht eingängig sein.

Ein zentrales Element sind die Psalmen. Man kann sich auf einen Psalm beschränken. Er kann im Wechsel gebetet oder gesungen oder von einem Einzelnen vorgetragen werden. Ein passender Kehrvers (Antiphon, Leitvers), der am Anfang und am Schluss gesungen wird, kann das Psalmengebet durch ein bestimmtes Motiv akzentuieren. Möglich ist auch eine Psalmkollekte/Psalmoration, die – nach einer meditativen Stille – den Psalm abschließt und seine christliche Deutung unterstreicht.

Die Gesänge aus dem Evangelium (am Morgen Lobgesang des Zacharias: Benedictus [Gepriesen sei der Herr, der Gott Israels! Lk 1,68–79]; am Abend Lobgesang der Maria: Magnificat [Meine Seele preist die Größe des Herrn, Lk 1,46–55]; zur Nacht Lobgesang des Simeon: Nunc dimittis [Nun lässt du, Herr, deinen Knecht, wie du gesagt hast, in Frieden scheiden, Lk 2,29–32]) sind Höhepunkte in der traditionellen Tagzeitenliturgie. Diese Gesänge können auch in Liedform oder als Kanon gesungen werden. Es ist auch möglich, den Text dieser Gesänge zunächst als Lesung zu hören.

Weitere Gestaltungsvorschläge, Texte und Gesänge bietet das Gotteslob für Morgenlob (GL 618 ff.) und Abendlob (GL 659 ff.).

III. Verlauf

ERÖFFNUNG
Eröffnungsruf
(Einstimmung/Gebet)
Musik/Gesang (Hymnus)

PSALMODIE UND VERKÜNDIGUNG
Psalm/Canticum
(Psalmkollekte/Psalmoration)
Lesung
(Betrachtung/Meditation/Antwortelement)

GESANG AUS DEM EVANGELIUM
Am Morgen: Benedictus, Lobgesang des Zacharias;
am Abend: Magnificat, Lobgesang der Maria;
zur Nacht: Nunc dimittis, Lobgesang des Simeon

GEBET
Bitten/Fürbitten
Vaterunser
Schlussgebet

ABSCHLUSS
Segen/Sendung
Gesang

IV. Texte und Gesänge

Texte und Gesänge für ein Morgenlob

Eröffnungsruf

L: Herr, öffne meine Lippen,
A: damit mein Mund dein Lob verkünde.
Ehre sei dem Vater und dem Sohn und dem Heiligen Geist,
wie im Anfang, so auch jetzt und allezeit und in Ewigkeit.
Amen. (Halleluja.) *(KG 261)*

Oder:

L: Herr, tue meine Lippen auf,
A: dass mein Mund deinen Ruhm verkündige.
L: Gott, gedenke mein nach deiner Gnade.
A: Herr, erhöre mich mit deiner treuen Hilfe.
L: Ehre sei dem Vater und dem Sohne und dem Heiligen Geiste,
A: Wie im Anfang, so auch jetzt und alle Zeit und in Ewigkeit.
Amen. (Halleluja.) *(EG.B 727, s. auch RG 555)*

Einstimmung/Gebet

Die Nacht ist vergangen, ein neuer Tag hat begonnen. Lasst uns wachen und nüchtern sein und abtun, was uns träge macht, dass wir ihn preisen, unseren Gott, mit unserem Leben vom ersten Morgenlied an bis zur Ruhe der Nacht.

(EG.B 719)

Oder:

Beim aufgehenden Morgenlicht preisen wir dich, o Herr;
denn du bist der Erlöser der ganzen Schöpfung.
Schenk uns in deiner Barmherzigkeit einen Tag,
erfüllt mit deinem Frieden.
Vergib uns unsre Schuld.
Lass unsre Hoffnung nicht scheitern.
Verbirg dich nicht vor uns.
In deiner sorgenden Liebe trägst du uns; lass nicht ab von uns.
Du allein kennst unsre Schwäche.
O Gott, verlass uns nicht.

(Ostsyrische Christen, GL 1975, 15.2)

Oder:
Vater im Himmel,
Lob und Dank sei dir für die Ruhe der Nacht;
Lob und Dank sei dir für den neuen Tag;
Lob und Dank sei dir für alle deine Liebe und Güte und Treue
in meinem vergangenem Leben.
Du hast mir viel Gutes erwiesen;
lass mich auch das Schwere aus deiner Hand annehmen.
Du wirst mir aber nicht mehr auferlegen, als ich tragen kann.
Du lässt deinen Kindern alle Dinge zum Besten dienen.
(Dietrich Bonhoeffer, vgl. GL 1975, 15.3)

Oder:
Ich danke dir, mein himmlischer Vater,
durch Jesus Christus, deinen lieben Sohn,
dass du mich diese Nacht vor Schaden und Gefahr behütet hast,
und bitte dich, du wollest mich diesen Tag auch behüten
vor Sünden und allem Übel,
dass dir all mein Tun und Leben gefalle;
denn ich befehle mich, meinen Leib und Seele
und alles in deine Hände.
Dein heiliger Engel sei mit mir,
dass der böse Feind keine Macht über mich gewinne.
(Luthers Morgensegen, RG 559, s. auch EG.B 841.1)

Gesang

All Morgen ist ganz frisch und neu (EG 440, KG 670, RG 557)
Christus, du Sonne unseres Heils (KG 262, UW 200)
Dich rühmt der Morgen (KAA 0165)
Du Licht des Morgens (KAA 0166)
Du Sonne der Gerechtigkeit (GL 269)
Ein neuer Tag beginnt (KAA 0163)
Es tagt der Sonne Morgenstrahl (KAA 0164)
Morgenglanz der Ewigkeit (EG 450, GL 84, KG 671, RG 572, UW 201)

Morgenlob

Psalm

EÜ:
Gott, du mein Gott, dich suche ich,
meine Seele dürstet nach dir.
  Nach dir schmachtet mein Leib
  wie dürres, lechzendes Land ohne
  Wasser.
Darum halte ich Ausschau nach dir
im Heiligtum,
um deine Macht und Herrlichkeit zu
sehen.
  Denn deine Huld ist besser als das
  Leben;
  darum preisen dich meine Lippen.
Ich will dich rühmen mein Leben
lang,
in deinem Namen die Hände erheben.
  Wie an Fett und Mark wird satt
  meine Seele,
  mit jubelnden Lippen soll mein
  Mund dich preisen.
Ich denke an dich auf nächtlichem
Lager
und sinne über dich nach, wenn ich
wache.
  Ja, du wurdest meine Hilfe;
  jubeln kann ich im Schatten deiner
  Flügel.
Meine Seele hängt an dir,
deine rechte Hand hält mich fest.
(Ps 63,2–9)

LB:
Gott, du bist mein Gott, den ich
suche.
Es dürstet meine Seele nach dir,
  mein ganzer Mensch verlangt nach
  dir
  aus trockenem, dürrem Land, wo
  kein Wasser ist.
So schaue ich aus nach dir in deinem
Heiligtum,
wollte gerne sehen deine Macht und
Herrlichkeit.
  Denn deine Güte ist besser als
  Leben;
  meine Lippen preisen dich.
So will ich dich loben mein Leben
lang
und meine Hände in deinem Namen
aufheben.
  Das ist meines Herzens Freude und
  Wonne,
  wenn ich dich mit fröhlichem
  Munde loben kann;
wenn ich mich zu Bette lege, so denke
ich an dich,
wenn ich wach liege, sinne ich über
dich nach.
  Denn du bist mein Helfer,
  und unter dem Schatten deiner
  Flügel frohlocke ich.
Meine Seele hängt an dir;
deine rechte Hand hält mich.
(Ps 63,2–9)

Oder:

EÜ:
Erhöre mich, Herr, ich rufe von
ganzem Herzen;
deine Gesetze will ich halten.
  Ich rufe zu dir; errette mich,
  dann will ich deinen Vorschriften
  folgen.

LB:
Ich rufe von ganzem Herzen;
erhöre mich, Herr; ich will deine
Gebote halten.
  Ich rufe zu dir, hilf mir;
  ich will mich an deine Mahnungen
  halten.

Schon beim Morgengrauen komme ich und flehe;
ich warte auf dein Wort.
   Meine Augen eilen den Nachtwachen voraus;
denn ich sinne nach über deine Verheißung.
Höre auf meine Stimme in deiner Huld;
belebe mich, Herr, durch deine Entscheide!
   Mir nähern sich tückische Verfolger;
sie haben sich weit von deiner Weisung entfernt.
Doch du bist nahe, Herr,
und alle deine Gebote sind Wahrheit.
   Aus deinen Vorschriften weiß ich seit langem,
dass du sie für ewig bestimmt hast.
(Ps 119,145–152)

Ich komme in der Frühe und rufe um Hilfe;
auf dein Wort hoffe ich.
   Ich wache auf, wenn's noch Nacht ist,
nachzusinnen über dein Wort.
Höre meine Stimme nach deiner Gnade; Herr,
erquicke mich nach deinem Recht.
   Meine arglistigen Verfolger nahen;
aber sie sind fern von deinem Gesetz.

Herr, du bist nahe,
und alle deine Gebote sind Wahrheit.
   Längst weiß ich aus deinen Mahnungen,
dass du sie für ewig gegründet hast.
(Ps 119,145–152)

Oder:

EÜ:
Halleluja! Lobt Gott in seinem Heiligtum,
lobt ihn in seiner mächtigen Feste!
   Lobt ihn für seine großen Taten,
lobt ihn in seiner gewaltigen Größe!
Lobt ihn mit dem Schall der Hörner,
lobt ihn mit Harfe und Zither!
   Lobt ihn mit Pauken und Tanz,
lobt ihn mit Flöten und Saitenspiel!
Lobt ihn mit hellen Zimbeln,
lobt ihn mit klingenden Zimbeln!
   Alles, was atmet,
lobe den Herrn! Halleluja!
(Ps 150)

LB:
Halleluja! Lobet Gott in seinem Heiligtum,
lobet ihn in der Feste seiner Macht!
   Lobet ihn für seine Taten,
lobet ihn in seiner großen Herrlichkeit!
Lobet ihn mit Posaunen,
lobet ihn mit Psalter und Harfen!
   Lobet ihn mit Pauken und Reigen,
lobet ihn mit Saiten und Pfeifen!
Lobet ihn mit hellen Zimbeln,
lobet ihn mit klingenden Zimbeln!
   Alles, was Odem hat,
lobe den Herrn! Halleluja!
(Ps 150)

Morgenlob

Psalmkollekte/Psalmoration

Nach Ps 63:
**Gott, Ursprung des Lichts,
in der Frühe des Tages suchen wir dich.
Lass unser Denken und Tun
zu einem Lobpreis deines Namens werden.**

Nach Ps 119:
**Gott,
du willst, dass wir dich suchen und finden.
Zeig uns deinen Weg,
und erneuere uns in der Treue zu deinem Wort.**

Nach Ps 150:
**Großer Gott,
durch die Wunder deiner Schöpfung
ahnen wir deine Macht und Güte.
Lass die Freude an dir und deinen Werken
zu einer Quelle der Kraft für uns werden.**

Lesung

Jahwe ist der Gott im Himmel (Dtn 4,39–40a)
Was kann uns scheiden von der Liebe Christi? (Röm 8,35.37)
Über eure Lippen komme kein böses Wort (Eph 4,29–32)
Ihr lebt nicht im Finstern (1 Thess 5,4–5)
Seid alle eines Sinnes (1 Petr 3,8–9)
Wir erwarten einen neuen Himmel und eine neue Erde (2 Petr 3,13f.)

Gesang aus dem Evangelium: Benedictus

Gelobt sei der Herr, der Gott Israels (EG.B 798)
Gepriesen sei der Herr, der Gott Israels (GL 617.2, KG 267.1, UW 226.2)
Gepriesen sei er, der Gott Israels (RG 555)

Bitten

L: Gepriesen sei, Gott, der durch seinen Sohn der Welt Hoffnung und Leben schenkt. Zu ihm lasst uns beten.
S: Gott, du schenkst uns diesen neuen Tag,
gib, dass wir ihn zu deiner Ehre vollenden. Höre unser Gebet.
A: Höre unser Gebet.
S: Du hast uns in deinen Dienst gerufen;
mache uns heute zu Dienern deines Erbarmens.
S: Gib, dass wir im Unglück nicht verzagen
und in den Tagen des Glücks dir danken.
A: Höre unser Gebet.
S: Sei mit allen, die uns heute begegnen,
schenke ihnen deinen Frieden und deine Freude.
A: Höre unser Gebet.
S: Bewahre uns vor den Verlockungen des Bösen
und schütze uns auf allen unseren Wegen.
A: Höre unser Gebet.

Schlussgebet

Erhöre uns, ewiger Gott,
und gib, dass wir in deinem Lichte leben
und die Wahrheit tun;
denn als Kinder des Lichtes sind wir aus dir geboren.
Mache uns zu deinen Zeugen unter den Menschen.
Darum bitten wir durch Jesus Christus, unseren Herrn. Amen.

Oder:
Ewiger Gott, unsere Zeit liegt in deiner Hand.
Du hast uns die Zeit zum Leben geschenkt.
Hilf uns, jedem Tag sein eigenes Recht zu geben.
Lass uns das Schöne und das Schwere bewusst durchleben.
Unsere Zeit hat ihre Grenzen, aber bei dir ist die Ewigkeit.

(GB, S. 407)

Abendlob

Texte und Gesänge für ein Abendlob

Eröffnungsruf

L: O Gott, komm mir zu Hilfe.
A: Herr, eile, mir zu helfen.
L: Ehre sei dem Vater und dem Sohn und dem Heiligen Geist,
A: wie im Anfang, so auch jetzt und alle Zeit und in Ewigkeit.
   Amen. (Halleluja.)

(KG 269)

Oder:

L: Herr, bleibe bei uns;
A: denn es will Abend werden, und der Tag hat sich geneiget.
L: Gott, gedenke mein nach deiner Gnade,
A: Herr, erhöre mich mit deiner treuen Hilfe.
L: Ehre sei dem Vater und dem Sohne und dem Heiligen Geiste,
A: wie im Anfang, so auch jetzt und alle Zeit und in Ewigkeit.
   Amen. (Halleluja.)

(EG.B 729, s. auch RG 586)

Einstimmung

Jetzt. Jetzt ist Zeit, zurückzublicken auf den vergangenen Tag.
Jetzt nehmen wir uns einige Minuten Zeit,
um in Stille auf diesen Tag zu schauen.
Wie vom Gipfel eines Berges sehen wir den Tag hinter uns liegen.

Oder:

Unser Abendgebet steige auf zu dir, Herr,
und es senke sich auf uns herab dein Erbarmen.
Dein ist der Tag, und dein ist die Nacht.
Lass, wenn des Tages Schein vergeht,
das Licht deiner Wahrheit uns leuchten.
Geleite uns zur Ruhe der Nacht
und vollende dein Werk an uns in Ewigkeit.
Amen.

(EG.B 721)

Gesang

Bevor des Tages Licht vergeht (EG.B 665, GL 663, KG 284, RG 587)
Bleib bei mir, Herr! Der Abend bricht herein (EG 488, RG 603)
Bleib bei uns, Herr, die Sonne gehet nieder (GL 94)
Der Abend kommt (KAA 0172)
Herr, bleibe bei uns (Kanon à 3 – EG 483, GL 89, RG 604, UW 212)
Herr, unser Herr, wie bist du zugegen (GL 414, UW 108)
Meine Hoffnung und meine Freude (EG.B 697, GL 365, RG 704, UW 103)
O Herr, mein Gott, jetzt vor der Nacht (KAA 0169)
Schweige und höre (Kanon à 3 – GL 433.2, KAA 071, KG 600, RG 166, UW 112.1)
Wie ein Wind, der leise weht (KAA 0171)

Psalm

EÜ:	LB:
Wenn ich rufe, erhöre mich, Gott, du mein Retter!	Erhöre mich, wenn ich rufe, Gott meiner Gerechtigkeit,
Du hast mir Raum geschaffen, als mir angst war.	der du mich tröstest in Angst;
Sei mir gnädig und hör auf mein Flehen!	sei mir gnädig und erhöre mein Gebet!
Ihr Mächtigen, wie lange noch schmäht ihr meine Ehre, warum liebt ihr den Schein und sinnt auf Lügen?	Ihr Herren, wie lange soll meine Ehre geschändet werden? Wie habt ihr das Eitle so lieb und die Lüge so gern!
Erkennt doch: Wunderbar handelt der Herr an den Frommen; der Herr erhört mich, wenn ich zu ihm rufe.	Erkennet doch, dass der Herr seine Heiligen wunderbar führt; der Herr hört, wenn ich ihn anrufe.
Ereifert ihr euch, so sündigt nicht! Bedenkt es auf eurem Lager und werdet still!	Zürnet ihr, so sündiget nicht; redet in eurem Herzen auf eurem Lager und seid stille.
Bringt rechte Opfer dar und vertraut auf den Herrn!	Opfert, was recht ist, und hoffet auf den Herrn.
Viele sagen: „Wer lässt uns Gutes erleben?"	Viele sagen: „Wer wird uns Gutes sehen lassen?"
Herr, lass dein Angesicht über uns leuchten!	Herr, lass leuchten über uns das Licht deines Antlitzes!
Du legst mir größere Freude ins Herz, als andere haben bei Korn und Wein in Fülle.	Du erfreust mein Herz, ob jene auch viel Wein und Korn haben. Ich liege und schlafe ganz mit Frieden;

Abendlob

In Frieden leg ich mich nieder und
schlafe ein;
denn du allein, Herr, lässt mich sorglos ruhen.
(Ps 4,2–9)

EÜ:
Der Herr ist mein Licht und mein Heil:
Vor wem sollte ich mich fürchten?
   Der Herr ist die Kraft meines Lebens:
   Vor wem sollte mir bangen?
Dringen Frevler auf mich ein,
um mich zu verschlingen,
   meine Bedränger und Feinde,
   sie müssen straucheln und fallen.
Mag ein Heer mich belagern:
Mein Herz wird nicht verzagen.
   Mag Krieg gegen mich toben:
   Ich bleibe dennoch voll Zuversicht.
Nur eines erbitte ich vom Herrn,
danach verlangt mich:
   Im Haus des Herrn zu wohnen
   alle Tage meines Lebens,
die Freundlichkeit des Herrn zu schauen
und nachzusinnen in seinem Tempel.
   Denn er birgt mich in seinem Haus
   am Tag des Unheils;
er beschirmt mich im Schutz seines Zeltes,
er hebt mich auf einen Felsen empor.
   Nun kann ich mein Haupt erheben
   über die Feinde, die mich umringen.
Ich will Opfer darbringen in seinem Zelt, Opfer mit Jubel;
dem Herrn will ich singen und spielen.
(Ps 27,1–6)

denn allein du, Herr, hilfst mir, dass
ich sicher wohne.
(Ps 4,2–9)

LB:
Der Herr ist mein Licht und mein Heil;
vor wem sollte ich mich fürchten?
   Der Herr ist meines Lebens Kraft;
   vor wem sollte mir grauen?
Wenn die Übeltäter an mich wollen,
um mich zu verschlingen,
   meine Widersacher und Feinde,
   sollen sie selber straucheln und fallen.
Wenn sich auch ein Heer wider mich lagert,
so fürchtet sich dennoch mein Herz nicht;
   wenn sich Krieg wider mich erhebt,
   so verlasse ich mich auf ihn.
Eines bitte ich vom Herrn,
das hätte ich gerne:
   dass ich im Hause des Herrn bleiben könne
   mein Leben lang,
zu schauen die schönen Gottesdienste des Herrn
und seinen Tempel zu betrachten.
   Denn er deckt mich in seiner Hütte
   zur bösen Zeit,
er birgt mich im Schutz seines Zeltes
und erhöht mich auf einen Felsen.
   Und nun erhebt sich mein Haupt
   über meine Feinde, die um mich her sind;
darum will ich Lob opfern in seinem Zelt,
ich will singen und Lob sagen dem Herrn.
(Ps 27,1–6)

EÜ:
Gott ist uns Zuflucht und Stärke,
ein bewährter Helfer in allen Nöten.
  Darum fürchten wir uns nicht,
  wenn die Erde auch wankt,
  wenn Berge stürzen in die Tiefe des Meeres,
wenn seine Wasserwogen tosen und schäumen
und vor seinem Ungestüm die Berge erzittern.
  Der Herr der Heerscharen ist mit uns,
  der Gott Jakobs ist unsre Burg.
Die Wasser eines Stromes erquicken die Gottesstadt,
des Höchsten heilige Wohnung.
  Gott ist in ihrer Mitte, darum wird sie niemals wanken;
  Gott hilft ihr, wenn der Morgen anbricht.
Völker toben, Reiche wanken,
es dröhnt sein Donner, da zerschmilzt die Erde.
  Der Herr der Heerscharen ist mit uns,
  der Gott Jakobs ist unsre Burg.
Kommt und schaut die Taten des Herrn,
der Furchtbares vollbringt auf der Erde.

Er setzt den Kriegen ein Ende
bis an die Grenzen der Erde;
er zerbricht die Bogen, zerschlägt die Lanzen,
im Feuer verbrennt er die Schilde.
  „Lasst ab und erkennt, dass ich Gott bin,
  erhaben über die Völker, erhaben auf Erden."
Der Herr der Heerscharen ist mit uns,
der Gott Jakobs ist unsre Burg.
(Ps 46,2–12)

LB:
Gott ist unsre Zuversicht und Stärke,
eine Hilfe in den großen Nöten, die uns getroffen haben.
  Darum fürchten wir uns nicht,
  wenngleich die Welt unterginge
  und die Berge mitten ins Meer sänken,
wenngleich das Meer wütete und wallte
und von seinem Ungestüm die Berge einfielen.
  Dennoch soll die Stadt Gottes fein lustig bleiben
  mit ihren Brünnlein, da die heiligen Wohnungen des Höchsten sind.
Gott ist bei ihr drinnen, darum wird sie festbleiben;
Gott hilft ihr früh am Morgen.
  Die Heiden müssen verzagen und die Königreiche fallen,
  das Erdreich muss vergehen, wenn er sich hören lässt.
Der Herr Zebaoth ist mit uns,
der Gott Jakobs ist unser Schutz.
  Kommt her und schauet die Werke des Herrn,
  der auf Erden solch ein Zerstören anrichtet,
  der den Kriegen steuert
in aller Welt,

der Bogen zerbricht, Spieße zerschlägt
und Wagen mit Feuer verbrennt.
Seid stille und erkennet, dass ich Gott bin!
Ich will der Höchste sein unter den Heiden, der Höchste auf Erden.
  Der Herr Zebaoth ist mit uns,
  der Gott Jakobs ist unser Schutz.
(Ps 46,2–12)

Psalmkollekte/Psalmoration

Nach Ps 4:
**Vater im Himmel,
am Ende dieses Tages bitten wir dich:
Lass dein Angesicht über uns leuchten,
und schenke allen Menschen deinen Frieden.**

Nach Ps 27:
**Herr Jesus Christus,
du Abglanz des Vaters,
bewahre uns vor allem Dunkel,
und führe uns zu dem,
der uns in sein wunderbares Licht berufen hat.**

Nach Ps 46:
**Ewiger Vater,
deine Gegenwart gibt uns Schutz und Sicherheit.
Befreie uns von der Angst
und gib uns Geborgenheit bei dir.**

Lesung

Euch aber lasse der Herr wachsen und reich werden in der Liebe zueinander und zu allen, wie auch wir euch lieben, damit euer Herz gefestigt wird und ihr ohne Tadel seid, geheiligt vor Gott, unserem Vater, wenn Jesus, unser Herr, mit allen seinen Heiligen kommt.

(1 Thess 3,12 f.)

Oder:
Begegnet einander in Demut! Denn Gott tritt den Stolzen entgegen, den Demütigen aber schenkt er seine Gnade. Beugt euch also in Demut unter die mächtige Hand Gottes, damit er euch erhöht, wenn die Zeit gekommen ist. Werft alle eure Sorge auf ihn, denn er kümmert sich um euch.

(1 Petr 5,5b–7)

Oder:
Du bist in unsrer Mitte, Herr, und dein Name ist über uns ausgerufen; verlass uns nicht, Herr, unser Gott!

(Vgl. Jer 14,9)

Gesang aus dem Evangelium (am Abend): Magnificat
Magnificat anima mea Dominum (GL 631.8) Lk 1,46-55 (lat.)
Meine Seele erhebt den Herren (EG.B 799)
Meine Seele erhebt ihn (RG 586)
Meine Seele preist die Größe des Herrn (GL 631.4, KG 274.1, UW 227.2)

Oder:
Den Herren will ich loben (EG.B 604, GL 395, KG 760, UW 145)
Hoch hebt den Herrn mein Herz (EG 309, KG 745, RG 1)
Gottes Lob wandert (KG 762, RG 2)
Magnificat anima mea Dominum (KG 744, UW 141) – Taizé
Magnificat, magnificat (Kanon à 4 – EG.B 605, GL 390, UW 140) – Taizé
Magnificat, magnificat (KAA 09)
Meine Seele erhebt den Herren (Kanon à 3 – EG 310, RG 3)
Mein Seel, o Herr, muss loben dich (EG 308)

Gesang aus dem Evangelium (zur Nacht): Nunc dimittis
Herr, nun lässt du deinen Diener in Frieden fahren (EG.B 800)
Mit Fried und Freud ich fahr dahin (EG 519)
Nun lässt du, Herr, deinen Knecht (GL 665.3, UW 228.2)

Oder:
Nun lässest du, o Herr (Genf, KG 498, RG 104)
Nun lässest du, Herr (Ottawa, GL 500)

Gebet
Deinen Frieden, Herr, gib uns vom Himmel,
und dein Friede bleibe in unsern Herzen.
Lass uns schlafen in Frieden
und wachen in dir,
auf dass wir vor keinem Grauen der Nacht uns fürchten.
(Alkuin, GL 1975, 18.1)

Oder:
Herr, mein Gott,
ich danke dir, dass du diesen Tag zu Ende gebracht hast.
Ich danke dir, dass du Leib und Seele zur Ruhe kommen lässt.
Deine Hand war über mir und hat mich behütet und bewahrt.
Vergib allen Kleinglauben und alles Unrecht dieses Tages
und hilf, dass ich allen vergebe, die mir Unrecht getan haben.

Lass mich in Frieden unter deinem Schutz schlafen
und bewahre mich vor den Anfechtungen der Finsternis.
Ich [...] befehle dir meinen Leib und meine Seele.
Gott, dein heiliger Name sei gelobt.

(Dietrich Bonhoeffer, vgl. GL 1975, 18.3)

Oder:
**Bleibe bei uns, Herr; denn es will Abend werden,
und der Tag hat sich geneigt. –
Bleibe bei uns und bei deiner ganzen Kirche. –
Bleibe bei uns
am Abend des Tages, am Abend des Lebens, am Abend der Welt. –
Bleibe bei uns mit deiner Gnade und Güte,
mit deinem heiligen Wort und Sakrament,
mit deinem Trost und Segen. –
Bleibe bei uns,
wenn über uns kommt die Nacht der Trübsal und Angst,
die Nacht des Zweifels und der Anfechtung,
die Nacht des bittern Todes. –
Bleibe bei uns und bei allen deinen Gläubigen in Zeit und Ewigkeit.**

(GL 1975, 18.7)

Anregungstexte

1.
Mit dem Kreuzzeichen beginnen und schließen wir den Tag und alle Gebete. Mache es langsam, groß von der Stirn zur Brust, von einer Schulter zur anderen. Es ist das Zeichen des Heils und ist das Zeichen der Erlösung. Am Kreuz hat unser Herr alle Menschen erlöst. Durch das Kreuz heiligt er den Menschen ganz bis in die letzte Faser seines Wesens. Darum machen wir es vor dem Beten, damit es uns ordne und sammle, Gedanken und Herz und Willen in Gott fasse. Nach dem Gebet, damit in uns bleibe, was Gott uns geschenkt hat.

(Romano Guardini)

2.
Du fragst, wie man es anstellen soll, den ganzen Tag Gott zu loben. Was immer du tust, tue es gut – und du hast Gott gelobt.
(Augustinus)

3.
Haben wir diesen Tag gelebt, Herr, wie es dir gefällt?
Sind wir geduldig, schlicht und liebevoll gewesen?
Haben wir jenen genug Zeit gegeben, die zu uns kamen?
Haben wir ihre Hoffnung beantwortet, wenn sie fragten?
Haben wir sie umarmt, wenn sie weinten?
Haben wir sie zärtlich aufgemuntert?
bis ihr Lachen wieder da war?
Haben wir in all ihren Leiden gebetet?
Haben wir Blumen gegeben mit dem Brot?
Haben wir deine Freude zum Blühen gebracht?
Sind wir unseren Brüdern immer Bruder gewesen?
(Abendgebet der Kleinen Schwestern und Brüder Jesu)

Gebet mit Gesängen aus Taizé

I. Vorbemerkungen

Von der von Frère Roger 1940 im französischen Taizé gegründeten internationalen ökumenischen Kommunität geht eine Gebetstradition aus, die auch im deutschen Sprachgebiet unter dem Namen „Taizégebet" bekannt geworden ist. Dabei tritt die Wortdominanz zurück. Die Leiblichkeit, das Hören in die Stille, das Schauen und Momente der Redundanz sind betont. Phasen der Stille, eine Atmosphäre der ruhigen Betrachtung und sich wiederholende Gesänge spielen eine besondere Rolle. Die Gesänge von Taizé zeichnen sich dadurch aus, dass sie international und über die Konfessionsgrenzen hinweg bekannt sind. Ihre kurzen und prägnanten, meist der Bibel oder der Liturgie entnommenen Texte sind aus sich selbst verständlich.

Das vorgestellte Modell folgt der Ordnung der „Gemeinsamen Gebete für den Tag" aus Taizé.

II. Hinweise zur Gestaltung

Charakteristisch für Taizé-Andachten sind die mehrstimmigen Lob- und Antwortgesänge, die zu Psalmen, Lesungen und Gebeten hinzutreten. Es ist sinnvoll, die Gesänge zu Beginn einzuüben, wenn die Taizé-Andachten nicht regelmäßig stattfinden. Die ruhigen Gesänge mit ihrem meditativen Charakter verbinden sich organisch mit Momenten der Stille. Wortbeiträge sollten kurz sein und der Art der Andacht entsprechen.

Der Gesang zum Eingang wird von einem Einzelnen angestimmt und gemeinsam so lange wiederholt, bis alle zur Ruhe gekommen sind. Auch die übrigen Gesänge werden mehrmals gesungen, wobei das Zeitmaß nicht zu gering anzusetzen ist.

Es folgt ein Psalm, dessen Verse von einem oder mehreren Anwesenden gelesen oder gesungen werden. Nach jedem Vers antworten alle mit Halleluja oder einem anderen Gebetsruf, dessen Schlussakkord während des Solos weitergesummt werden kann. Gesungene Verse sollten nicht mehr als zwei Zeilen umfassen, gelesene können länger sein. Man kann auch einen weiteren Psalm wählen, ebenfalls nicht in voller Länge, sondern in leicht zugänglichen Auszügen.

Ein wichtiges Element danach ist die biblische Lesung. Es empfiehlt sich, dafür wesentliche Bibeltexte auszuwählen, die nicht zu lang sind und keiner Erklärung bedürfen. Die Verkündigung der Schriftlesung kann mit dem Entzünden eines Leuchters verbunden werden, um deutlich zu machen, dass Christus das Licht ist, das unser Leben erleuchtet.

Es ist besser, eine einzige längere Zeit der Stille (fünf bis zehn Minuten) zu halten als mehrere kurze. Wenn Stille im Gebet für viele Anwesende ungewohnt ist, kann man am Ende des vorhergehenden Gesangs ansagen: „Wir beten einige Augenblicke in Stille".

Die folgenden Bitten, Fürbitten oder Preisungen werden von einem oder abwechselnd zwei Anwesenden gelesen oder gesungen. Ein Kyrie eleison, Gospodi pomilui (Herr, erbarme dich) oder ein anderer Gebetsruf führt sie ein und wird dann jeweils von allen als Antwort wiederholt. Der Schlussakkord kann weiter gesummt werden, während die folgende Bitte bzw. Preisung vorgetragen wird.

An die vorgegebenen Bitten oder Preisungen können sich unter Umständen freie, spontan gesprochene Gebete anschließen. Sie sollen kurz gehalten und an Gott gerichtet sein, also nicht dazu dienen, die eigene Meinung in Gebetsform kund zu tun. Auch auf die freien Gebete folgt der gemeinsame Gebetsruf.

Besonders wenn es sich um eine kleinere Gruppe handelt, wird man einen geeigneten Raum für ein solches Gebet auswählen. Die Atmosphäre wird vor allem dadurch bestimmt, dass man sich vor einem Kreuz oder einer Ikone versammelt – auf Gebetsschemeln oder Meditationshockern sitzend. Wenn das Gebet am Abend stattfindet, kann Kerzenlicht zur meditativen Atmosphäre beitragen.

III. Verlauf

ERÖFFNUNG
Gesang
Psalm (mit Halleluja)
Stille

VERKÜNDIGUNG
Lesung
Stille
Gesang

Gebet mit Gesängen aus Taizé

ABSCHLUSS
Bitten/Fürbitten/Preisungen mit Gebetsruf
Vaterunser
Schlussgebet
Gesang

IV. Texte und Gesänge

Gesang

Adoramus te Domine (EG.B 701, KG 195, UW 82)
Bleibet hier und wachet mit mir (EG 789.2, EG.B 700, GL 286, KG 421, RG 294, UW 208/209)
Laudáte omnes gentes (EG 181.6, GL 386, KG 519, RG 71, UW 74)
Lobsingt, ihr Völker alle (EG 181.6, KG 519, RG 71)
Singt dem Herrn ein neues Lied! (KAA 07)

Psalm

EÜ:
Ich will den Herrn allezeit preisen;
immer sei sein Lob in meinem Mund.
 Meine Seele rühme sich des Herrn;
 die Armen sollen es hören und sich
 freuen.
Verherrlicht mit mir den Herrn,
lasst uns gemeinsam seinen Namen
rühmen.
 Ich suchte den Herrn und er hat
 mich erhört,
 er hat mich all meinen Ängsten
 entrissen.
Blickt auf zu ihm, so wird euer
Gesicht leuchten
und ihr braucht nicht zu erröten.
 Da ist ein Armer; er rief und der
 Herr erhörte ihn.
 Er half ihm aus all seinen Nöten.
Der Engel des Herrn umschirmt alle,
die ihn fürchten und ehren,
und er befreit sie.

LB:
Ich will den Herrn loben allezeit;
sein Lob soll immerdar in meinem
Munde sein.
 Meine Seele soll sich rühmen des
 Herrn,
 dass es die Elenden hören und sich
 freuen.
Preiset mit mir den Herrn
und lasst uns miteinander seinen
Namen erhöhen!
 Als ich den Herrn suchte, antwor-
 tete er mir
 und errettete mich aus aller meiner
 Furcht.
Die auf ihn sehen, werden strahlen
vor Freude,
und ihr Angesicht soll nicht scham-
rot werden.
 Als einer im Elend rief, hörte der
 Herr
 und half ihm aus allen seinen
 Nöten.

Kostet und seht, wie gütig der Herr ist;	Der Engel des Herrn lagert sich um die her, die ihn fürchten,
wohl dem, der zu ihm sich flüchtet!	und hilft ihnen heraus.
(Ps 34,2–9)	Schmecket und sehet, wie freundlich der Herr ist.
	Wohl dem, der auf ihn trauet!
	(Ps 34,2–9)

Oder:

Ps 36,6–11, s. o. S. 147.
Ps 46, s. o. S. 169 f.

Gesang

Halleluja (GL 174–176)
Halleluja (EG 181–182, EG.B 695–696)
Halleluja (KAA 090, UW 169)
Halleluja (KG 88–93)
Halleluja (RG 229–232, 238, 241)
Halleluja (UW 167–173, 175, 246.1–2)

Lesung

Wir wollen einander lieben; denn die Liebe ist aus Gott, und jeder, der liebt, stammt von Gott und erkennt Gott. Wer nicht liebt, hat Gott nicht erkannt; denn Gott ist die Liebe. Die Liebe Gottes wurde unter uns dadurch offenbart, dass Gott seinen einzigen Sohn in die Welt gesandt hat, damit wir durch ihn leben. Nicht darin besteht die Liebe, dass wir Gott geliebt haben, sondern dass er uns geliebt und seinen Sohn zur Vergebung unserer Sünden gesandt hat. Wenn Gott uns so geliebt hat, müssen auch wir einander lieben. Niemand hat Gott je geschaut; wenn wir einander lieben, bleibt Gott in uns, und seine Liebe ist in uns vollendet.
(1 Joh 4,7–12)

Oder:

Jesus sagte: Mit dem Himmelreich ist es wie mit einem Schatz, der in einem Acker vergraben war. Ein Mann entdeckte ihn, grub ihn aber wieder ein. Und in seiner Freude verkaufte er alles, was er besaß, und kaufte den Acker. Auch ist es mit dem Himmelreich wie mit einem Kaufmann, der schöne Perlen suchte. Als er eine

besonders wertvolle Perle fand, verkaufte er alles, was er besaß, und kaufte sie.

(Mt 13,44–46)

Oder:
Kommt alle zu mir, die ihr euch plagt (Mt 11,28–30)
Wer mein Jünger sein will, der verleugne sich selbst (Mk 8,34–37)
Ich bin das lebendige Brot (Joh 6,51)
Ich bin der wahre Weinstock (Joh 15,1–5)
Frieden hinterlasse ich euch (Joh 14,27)
Das Geheimnis unseres Glaubens ist groß (1 Tim 3,16)

Gesang

Christus resurrexit (KAA 0151)
Meine Hoffnung und meine Freude (EG.B 697, GL 365, RG 704, UW 103)
Oculi nostri ad Dominum Deum bzw. Unsere Augen sehn stets auf den Herren (EG.B 699)
Ubi caritas et amor (KG 418, GL 445, RG 813, UW 131)

Kyrieruf

Kyrie eleison (EG.B 686, GL 156, KG 71, RG 194, UW 153)
Kyrie eleison (GL 154, UW 154)
Kyrie eleison (EG.B 685)

Fürbitten

L: **Gott, lasse deinen Frieden unter uns erstrahlen und befreie uns in deiner Liebe.
Wir bitten dich:**
K: **Kyrie eleison.**
A: **Kyrie eleison.**
S: **Für alle Christen auf der ganzen Erde bitten wir dich:**
A: **Kyrie eleison.**
S: **Für alle, die in deiner Kirche dienen, bitten wir dich:**
A: **Kyrie eleison.**
S: **Für alle, die im Exil leben müssen oder auf der Flucht sind, bitten wir dich:**
A: **Kyrie eleison.**

S: Für alle Gefangenen und Opfer von Unterdrückung
bitten wir dich:
A: Kyrie eleison.
S: Für alle, die Hilfe und Barmherzigkeit brauchen,
bitten wir dich:
A: Kyrie eleison.
S: Für uns alle, die wir hier versammelt sind, bitten wir dich:
A: Kyrie eleison.
S: Für ... *(Fürbitten aus dem Kreis der Versammelten können sich anschließen)*
L: Gott voller Gnade, dir sei Lob und Preis in Ewigkeit.
A: Amen.

Oder:
L: Bitten wir unseren Herrn, dass wir ihn in unserem Nächsten erkennen und die Armen und Unglücklichen nicht übersehen. – Kyrie eleison.
S: Für alle Menschen, die in Treue dein Wort verkünden, Herr, bitten wir dich.
S: Für die Ausgebeuteten und die Arbeitslosen, Herr, bitten wir dich.
S: Für die Kinder, die verlassen wurden, und alle, die sich ihrer liebevoll annehmen, Herr, bitten wir dich.
S: Für die Gefangenen und die in der Gesellschaft Vergessenen, Herr, bitten wir dich.
S: Für die Wissenschaftler und Forscher, Herr, bitten wir dich.
S: Für die Verantwortlichen im öffentlichen Leben, Herr, bitten wir dich.
L: Herr, höre unser Gebet und lass uns in deiner Kirche ein Zeichen geschwisterlicher Liebe sein.

Preisungen

In den summend ausgehaltenen Ruf Adoramus te, Domine (EG.B 701, KG 195, UW 82) wird jeweils die nächste Anrufung gesprochen.
L: Wir preisen unseren Herrn Jesus Christus und beten ihn an. Er ist gütig und von Herzen demütig. – Adoramus te, Domine.
S: Du hast unter uns gelebt, die Kranken geheilt, den Armen die Frohe Botschaft und den Gefangenen die Freiheit verkündet.
A: Adoramus te, Domine.

S: Du bist arm und demütig von Herzen, du rufst alle zu dir, die mühselig und beladen sind.
A: **Adoramus te, Domine.**
S: Du bist Verzeihung und Güte, du nimmst alles auf dich, was zu schwer auf unseren Schultern lastet.
A: **Adoramus te, Domine.**
S: Du bist in die Welt gekommen, nicht um bedient zu werden, sondern um zu dienen und dein Leben hinzugeben.
A: **Adoramus te, Domine.**
S: Du bist gekommen, um die Ketten unserer Sklaverei zu sprengen, du Sehnsucht aller, die nach Gerechtigkeit hungern.
A: **Adoramus te, Domine.**
L: Durch deine Auferstehung von den Toten bist du der Lebende an unserer Seite, auf dem Weg zu deinem Vater und unserem Vater.
A: **Adoramus te, Domine.**

Schlussgebet

L: **Gott unser Vater,
wir möchten dich mit aller Kraft,
aus ganzer Seele lieben.
Aber du weißt,
dass es in uns Widerstände geben kann.
Schenke uns die Kühnheit,
diese Mauern zu überspringen
und das Ja zur Hingabe unseres Lebens
immer wieder zu erneuern.**

(Frère Roger)

Oder:

L: **Gott aller Lebenden,
gib, dass wir uns dir in Stille und Liebe überlassen.
Du rührst an unser Innerstes
und lässt uns im Licht der Hoffnung leben.**

(Frère Roger)

Oder:
L: **Lebendiger Gott,
unser Gebet mag unbeholfen sein,
aber wir suchen dich voll Vertrauen.
Und dein Erbarmen bahnt sich einen Weg
durch unsere Unschlüssigkeit,
ja unsere Zweifel.**

(Frère Roger)

Gesang

Bleib mit deiner Gnade bei uns (EG 789.7, EG.B 702, UW 96/97))
Jubilate Deo (Kanon à 6 – EG 181.7, GL 398, RG 223, UW 66)
Magnificat, magnificat (Kanon à 4 – EG.B 605, GL 390, UW 140)
Magnificat anima mea Dominum (KG 744, UW 141)
Misericordias Domini in aeternum cantabo (GL 657.6, UW 81)

Anregungstexte

1.
Tief im Menschen liegt die Erwartung einer Gegenwart, das stille Verlangen nach einer Gemeinschaft. Vergessen wir nie: das schlichte Verlangen nach Gott ist schon der Anfang des Glaubens.
Niemand kann für sich allein das gesamte Evangelium begreifen. Jeder Mensch kann sich sagen: In der einzigartigen Gemeinschaft, die die Kirche ist, verstehen und leben andere, was ich vom Glauben nicht begreife. Ich stütze mich nicht nur auf meinen eigenen Glauben, sondern auf den Glauben der Christen aller Zeiten, seit Maria und den Aposteln bis heute. Und Tag für Tag mache ich mich bereit, dem Geheimnis des Glaubens Vertrauen zu schenken.
Es zeigt sich, dass der Glaube, das Vertrauen auf Gott, etwas ganz Einfaches ist, so einfach, dass alle ihn annehmen können. Er ist wie ein tausendfach erneuerter Schritt, ein Leben lang, bis zum letzten Atemzug.

(Frère Roger)

2.
Gleichwie die Sonne in einem stillen Wasser gut zu sehen ist und es kräftig erwärmt, kann sie in einem bewegten, rauschenden Wasser nicht deutlich gesehen werden. Auch erwärmt sie sich nicht so sehr. Darum willst du auch erleuchtet und warm werden durch das Evangelium, göttliche Gnade und Wunder sehen, dass dein Herz entbrannt, erleuchtet, andächtig und fröhlich werde, so gehe hin, wo du still sein und das Bild dir tief ins Herz fassen kannst, da wirst du finden Wunder über Wunder.

(Martin Luther)

3.
Ich bin wie ein Vogel, der im Dornbusch singt.

(Johannes XXIII.)

4.
Wenn ich zum Herrn rede, weiß ich oft nicht, was ich sage.

(Teresa von Ávila)

5.
Die längste Reise ist die Reise nach innen.

(Dag Hammerskjöld)

Quellenverzeichnis

S. 38 Keinen Tag soll es geben, Uwe Seidel; aus: Hanns Dieter Hüsch/Uwe Seidel; Ich stehe unter Gottes Schutz, S. 155, 2003/7
© tvd-Verlag, Düsseldorf 1996

S. 60 Die neuzeitliche Auffassung, Romano Guardini; aus: Romano Guardini, Das Ende der Neuzeit. Ein Versuch zur Orientierung
© Kath. Akademie in Bayern, Verlagsgemeinschaft Matthias Grünewald, Mainz, / Ferdinand Schöningh, Paderborn, 13. Auflage 2001, S. 67

S. 71 Aber der Herr ... (bis: ... Pläne ihrer Techniker), Ernesto Cardenal; aus: Ernesto Cardenal, Psalmen
© Peter Hammer Verlag, Wuppertal 1968

S. 96 Der Traum, geboren zu sein (Ein Grab greift tiefer), Kurt Marti
© Nagel und Kimche im Carl Hanser Verlag, München – Wien 2003

S. 115 Golgatha, Eva Zeller; aus: Eva Zeller, Sage und schreibe. Gedichte
© Deutsche Verlags-Anstalt, Stuttgart 1971

S. 115 Kreuzweg, Erich Fried; aus: Von Bis nach Seit, Gesammelte Werke, Bd. 1
© Verlag Klaus Wagenbach, Berlin 1993

S. 119 f. Du, Werner Schaube; aus: Werner Schaube, Lebenspuzzle
© Verlag Herder, Freiburg i. Br. 1988, S. 12

S. 123 Nichts bleibt wie es ist, Rose Ausländer; aus: Rose Ausländer, Gesammelte Werke in sieben Bänden. Band VI. Wieder ein Tag aus Glut und Wind, S. 339
© S. Fischer Verlag, Frankfurt am Main 1986

S. 123 Nicht müde werden, Hilde Domin; aus: Hilde Domin, Gesammelte Gedichte, S. 294
© S. Fischer Verlag, Frankfurt am Main 1987

S. 158 f. Friedensgebet;
Friedensgebet der Mönche des Europakloster Gut Aich täglich um 12.00 Uhr

S. 164 Vater im Himmel. Gebet für Mitgefangene: Morgengebet, Dietrich Bonhoeffer; aus: Dietrich Bonhoeffer, Widerstand und Ergebung
© Chr. Kaiser/Gütersloher Verlagshaus, Gütersloh

S. 174 f. Herr, mein Gott. Gebet für Mitgefangene: Abendgebet, Dietrich Bonhoeffer; aus: Dietrich Bonhoeffer, Widerstand und Ergebung
© Chr. Kaiser/Gütersloher Verlagshaus, Gütersloh

S. 175 Mit dem Kreuzzeichen beginnen, Romano Guardini; aus: Romano Guardini, Von heiligen Zeichen
© Katholische Akademie in Bayern, Matthias-Grünewald-Verlag, Mainz, 5. Taschenbuchauflage 2002, S. 17

S. 183 Schlussgebet; aus: Frère Roger, Taizé, In allem ein innerer Friede. Ein Jahresbegleitbuch. Völlig überarbeitete Neuausgabe
© Verlag Herder, Freiburg i. Br. 2003

S. 184 Tief im Menschen liegt die Erwartung, Frère Roger, Taizé; entnommen: www.taize.fr
© Ateliers et Presses de Taizé, F 71250 Taizé Communauté

Quellenverzeichnis 187

Für die Texte aus Messbuch und Messlektionar wurde die Abdruckerlaubnis erteilt durch: Ständige Kommission für die Herausgabe der gemeinsamen liturgischen Bücher im deutschen Sprachgebiet, 54290 Trier.

In wenigen Fällen ist es uns trotz großer Mühen nicht gelungen, alle Inhaber von Urheberrechten und Leistungsschutzrechten zu ermitteln. Da berechtigte Ansprüche selbstverständlich abgegolten werden, ist der Verlag für Hinweise dankbar.